ZENYANG DA WANGQIU

怎样打网球

主　编：沈云清

副主编：田建伟　张春超

魏　源

苏州大学出版社

图书在版编目(CIP)数据

怎样打网球/沈云清主编. —苏州：苏州大学出版社，2007.7
ISBN 978-7-81090-873-3

Ⅰ.怎… Ⅱ.沈… Ⅲ.网球运动-基本知识 Ⅳ.G845

中国版本图书馆 CIP 数据核字(2007)第 099422 号

怎样打网球
沈云清 主编
责任编辑 郑亚楠

苏州大学出版社出版发行
(地址：苏州市干将东路 200 号 邮编:215021)
丹阳市教育印刷厂印装
(地址：丹阳市西门外 邮编：212300)

开本 850mm×1 168mm 1/32 印张 7.875 字数 196 千
2007 年 7 月第 1 版 2007 年 7 月第 1 次印刷
ISBN 978-7-81090-873-3 定价：11.00 元

苏州大学版图书若有印装错误，本社负责调换
苏州大学出版社营销部 电话：0512-67258835

出版者的话

我国的全民健身活动，自1995年国家制定和颁布《全民健身计划纲要》以来，已成为由政府倡导、社会支持和全民参与的一项有目标、有任务、有措施的宏伟工程。这项工程的有效实施，首先需要大力宣传全民健身计划对提高中华民族素质和促进我国社会主义现代化建设的深远意义，提高全体国民的健身意识，转变"无病即健康"等旧观念，树立科学的健身、健康理念。其次，全民健身活动的实践需要知识的推广、方法的指导和理论的推介。因此，必须强化健身知识、健身方法和健身习惯等方面的教育，使全民健身活动得以健康、广泛、持久地开展。

为了宣传和促进全民健身，我社曾策划并组织出版了"全民健身活动知识丛书"，向读者提供系统实用的体育知识和健身方法，内容涵盖球类运动、武术、器械、健美操、健身跑、体育游戏等各个方面。丛书推出后获得了广大读者的好评，取得了良好的社会效益。

进入新世纪以来，随着经济社会的发展以及工作和生活节奏的加快，人们的健康意识在不断增强，健康观念在不断更新，健身运动日益丰富多彩。尤其是北京申奥成功和2008年奥运会在我国的举办，已经并将继续推动全民健身运动的健康发展，"全民健身与奥运同行"赋予全民健身活动以崭新的时代色彩。与此相适应，我们从已经出版的“全民健身活动知识丛书”中选取有广泛群众性和较高普及性的几大球类运动，组织作者作了全面增删修订，其中《怎样打网球》一书另选作者重新编著，还增加了如高尔夫等新兴球类项目，力求融时代性、知识性和鉴赏性于一体，以期为推进新世纪的全民健身活动尽一份绵薄之力。

天下之要，人才而已。天生万物，惟人为贵。国家的兴旺发达，社会的文明进步，经济的发展繁荣，从根本上说都取决于全体国民素质的提高，而身体素质则是思想道德和科学文化等素质的物质载体。因此，全民健身活动不仅能使当代人受惠得益，而且将为培养下一代，为我们国家立身于世界先进民族之林打下坚实的基础。

苏州大学出版社

2006 年 10 月

目录 ·怎样打网球·

前言 ·怎样打网球·

网球运动曾经是一项贵族运动，但随着时代的发展，当今世界上网球运动已成为大众化的运动，并有世界"第二运动"之称。发达国家到处都有公共网球场地和设施，免费供民众进行活动，网球运动贵族化的现象早已不存在了。

网球运动是为满足人的身心需要而创造出来的以人为中心、以网球为载体的物质和精神的成果，是一种文化现象。在所有的体育项目中，网球项目对运动员在场上的行为举止的规定与要求最为严格和细致，球场是体现社会文明的一角。人们在欣赏网球比赛或参与网球运动的同时，都会受到潜移默化的影响，自身涵养也会得以提高。

网球运动是在19世纪随西方近代体育的传播而进入我国的，但在相当长的时间里，网球运动只在极少数人中间流行。新中国成立后特别是改革开放以来，网球运动才在中国风行起来。现在，中国已经有不少的网球迷和网球运动爱好者，而且这个队伍还在不断壮大，尤其是中国的女性网球选手在奥运会和国际大赛上不断取得优异成绩，更是掀起了一股网球热潮。当前，我国网球运动呈现出蓬勃发展的趋势：新建的社区和住宅区都建有网球场，场地越来越多，打网球的人也越来越多，特别是在青少年中热爱网球运动者已十分普遍。

要想更好地普及网球运动，就必须让更多的人了解、接受和喜爱网球。本书正是为这一目的而编写的。我们相信，它会得到广大网球爱好者的喜爱。本书在编写过程中得到了苏州市网球协会和苏州大学体育学院的关心和大力支持，在此表示感谢。

让网球运动给我们带来健康、快乐和青春的朝气吧！

编　者

2006 年 4 月

第一章 网球运动的起源与发展

第一节 网球运动的起源

网球运动的起源及演变一般可以这样来概括:孕育在法国,诞生在英国,进一步普及和形成高潮则在美国,现已在全世界盛行。网球与高尔夫球、保龄球和桌球运动一起被称为世界四大绅士运动。

图 1-1

12—13 世纪的法国,在传教士中流行着一种用手掌击球的游戏,方法是在空地上,两人之间隔一条绳子,用手掌将用布包着头发制成的球互相打来打去,后来,这一游戏成为宫廷里的一种室内消遣娱乐活动。另一种说法认为,网球运动的起源应追溯到"百年战争"(1337—1453 年英法战争)以前,当时在法国民间流传着一种名叫海欧·德·巴乌麦的球类游戏。据说这种游戏是在两个人之间进行的,每人各执一个球拍,球场的周围筑有围墙,球撞到墙上后被反弹回去,尔后过网(如图 1-1 所示)。因此,无论是使用的场地和器具,还是进行游戏的方法,都与现代网球运动有许多相似之处,所以有人把它看做是网球运动的原始形态。

到了14世纪中叶,这种运动不仅在修道院中盛行,而且在法国宫廷也出现了。当时法国有一位诗人把这种游戏介绍到宫廷中,供皇室贵族男女消遣,于是宫廷中就经常举行这种以消遣为主的网球运动。当时玩这种游戏的场地是宫廷内的大厅,没有网和球拍,球是用布卷成圆形后用绳子绑成的。场地中间架起一条绳子为界,利用两手作球拍,把球在绳子上方丢来丢去,法语称为“Tennez”,英语称为“Take it! Play”,意即“抓住! 丢过去”,今天“网球(Tennis)”一语即来源于此。这项有趣的游戏迅速地推广到了法国民间,同时游戏的用具也得到了改良,木板制的球拍、羊皮纸板球拍代替了两手拍球,球网代替了绳子。后来,法国国王路易十世下令:这项游戏禁止在民间流行,并规定只能作为宫廷中的特权游戏。

大约在1358—1360年间,这种供贵族玩的古式网球从法国传入英国,英王爱德华三世对网球产生了很大兴趣,下令在宫中修建一片室内球场。当时球拍的拍面改装成羊皮,球由布面改成皮面。从此,网球就开始在英国流行,成为英国上层社会的一种娱乐活动,并有了“贵族运动”之称。15世纪,人们发明了穿弦的球拍。16世纪,古式室内网球成为法国的国球。以后,古式室内网球有了自己的规则,在欧洲尤其是在英国得到了较好的开展。

近代网球起源于英国。1873年,会打古式网球的英国少校M. 温菲尔德在羽毛球运动的启示下,设计了一种适用于户外的男女都可以从事的网球运动,当时叫做司法泰克(Sphairistike)运动。1875年,随着这项运动在8字形球场上风靡起来,全英板球俱乐部在板球场边另设了一片草地网球场。紧接着,古式网球的权威组织者玛利博恩板球俱乐部为这项运动制定了一系列规则。从此,草地网球正式取代了司法泰克。

图 1-2

1877 年,英国在伦敦郊外的温布尔登设置了几片草地网球场,草地网球在英国得到了进一步的开展(图 1-2)。同年 7 月,举办了首届草地网球锦标赛,即温布尔登第一届比赛。亨利·琼斯同另外两个人为这次比赛制定了全新的规则,他本人担任了比赛的裁判。当时规定球场为长方形,长 23.77 米、宽 8.23 米,至今仍沿用这一规定。发球线离网 7.92 米,网中央高度为 0.99 米。发球员发球时,可一脚站在端线前,另一脚站在端线后,发球失误一次而不判失分。采用古式室内网球的 0、15、30、45 每局计分法。可以说,亨利·琼斯是现代网球的奠基人。

紧随英国之后开展网球运动的国家是美国。

1881 年,世界上第一个全国性网球协会在美国诞生,名字叫美国"全国草地网球协会"("全国"二字于 1920 年取消)。该协会于当年 8 月 31 日至 9 月 3 日,在罗得岛纽波特港举行第一届美国草地网球的男子单打和男子双打锦标赛,采用了温布尔登的比赛规则。参加比赛的共有 26 人,单打冠军是理查兹·西尔斯(他连续 7 年获得冠军);双打冠军是克拉克与泰勒。

从 1887 年起,美国开始举办草地网球女子单打锦标赛;1890 年,举办了女子双打锦标赛;1892 年,举办了混合双打锦标赛。

因当时的美国总统西奥多·罗斯福爱上了网球运动,他不仅积极支持修建网球场,举行网球比赛,而且还经常邀请陪同他骑马散步的朋友们在白宫球场上打网球,所以有人称他的政府为"网球内阁"。随后,美国的网球运动得到了空前的发展。在两次世界大战中,全世界的网球都停赛了,惟独美国没有停下来。相反,美国的网球运动还出现了令人惊异的高峰、极盛时期,竟有4 000万人参加网球运动,所以直到今天,美国的网球运动始终处于世界领先地位,优秀的网球选手层出不穷。在2004年9月20日公布的世界男、女网球选手前20名的排名中,美国男选手有3名,女选手有4名,这足以证明美国的网球运动是世界一流的。

自1878年以来,草地网球已由英国的移民、商人或驻军等传至全球,如加拿大(1878年)、斯里兰卡(1878年)、捷克斯洛伐克(1879年)、瑞典(1879年)、印度和日本(1880年)、澳大利亚(1880年)、南非(1881年)等国家。当时,爱好网球的人士绝大多数是富裕的资产阶级。他们有条件在自家的草坪上随时建造网球场作为他们社交活动的场所。在19世纪90年代中期,网球进入了初步发展的阶段,许多国家和地区都组织了网球协会,并定期举行比赛。

1913年3月1日,在法国的巴黎成立了世界网球的最高组织——国际网球联合会。它的成立为网球运动的进一步发展开辟了一条更加广阔的道路。

20世纪70年代以后,网球运动得到了进一步的发展。网球运动发展较快的原因主要有以下几点:第一,允许职业选手参加温布尔登等锦标赛,开创了职业网球巡回赛的先河,取消了职业选手和业余选手的界限,增加了大赛的激烈程度和竞争气氛,从而促进了运动员技术水平的提高,激发了广大网球爱好者从事该项运动的热情和评论网球比赛的积极性,吸引了更多的人来观看网球比赛。第二,科技在球拍等器材制造和网球训练中的应用,促进了先进器材的生产,提高了网球运动的训练水平,造就了一大批年轻的优秀选手,从而促进了网球运动不断向前发展。

20世纪90年代,网球的发展呈现出了这样几个特点:一是普及,据有关资料透露,1990年年初,在国际网联注册的就有156个协会；二是选手水平高，争夺激烈；三是器材的改革，在球拍的研制中采用了大量的高科技，网球向着力量、速度型方向发展；四是随着各种网球大赛奖金的不断提高，网球的职业化、商业化程度越来越高，参与这项运动的人也越来越多。总之，作为世界第二大运动的网球运动以其无与伦比的魅力和不断发展的技术赢得越来越多的人的喜欢。

第二节　网球运动的特点

网球运动是深受人们喜爱、极富乐趣的一项体育活动。它既是一种消遣和增进身心健康的运动方式，也是一种艺术追求和享受，更是一种扣人心弦的体育竞赛项目。打网球既文明又高雅，而且动作优美，运动员每当打出一个好球，都会让观众感觉兴奋异常、愉悦无比。

在当今世界，惟一能够与足球争宠的球类运动项目就是网球。如历史悠久、水平最高的四大网球公开赛，可以说是一届比一届办得兴旺。自从 1968 年规定职业选手和其他选手均可参加同一比赛以来，世界性的男子大奖赛每年达 90 余次，女子大奖赛每年也有几十次。此外，还有许多大企业资助的国际性系列大奖赛。这些比赛几乎全年不断，一周接一周地进行，只有在戴维斯杯赛特定的几周中临时暂停。另外，世界青年锦标赛、少年锦标赛、同年龄组比赛等都是规模很大的国际性比赛。至于洲际级以下的各种比赛则更多。据专家统计，网球尖子选手每年参加比赛的次数，比足球名将比赛的次数还多。

网球运动的发展不仅培养了大批热心的观众，而且吸引了许多爱好者积极投身于该项运动。根据 1983 年的统计，美国经常打网球的约有 4 000 万至 5 000 万人，其中青少年占 3 000 多万；意大利的网球协会有3 000多个,会员有100万左右;法国也有150多万网球会员;加拿大有15万会员;比利时网球协会有1 000个,会员近13万人。这些数字说明:在世界上,特别是欧美地区,网球是能够和足球"分庭抗礼"的大项目。而网球运动之所以能如此热门和得宠,其中一个重要的原因就是,与其他体育项目相比,网球有着自己的独特之处。

一、网球具有独特的健身价值

曾经有专家作过统计,在一场有相当水平的网球比赛中,运动员所跑的路程在5 000~10 000米,不下于一场激烈的足球比赛。运动员在比赛过程中,一方面要作出及时的判断,另一方面要不停地做前进、后退,左右移转、高高跃起、急停或猛扣等动作。一个网球运动员无论在力量、速度、耐力还是在柔韧性和灵敏性方面,都必须具备良好的素质。特别是随着网球技术的不断发展,上网打法已相当普遍,运动员在发球或接发球之后都积极争取时机,跑到近网处做空中截击、高压动作,这时要照顾到前后左右四个方位的来球,如果没有精确的预测能力、快速的灵敏反应以及熟练的截击、高压技术,就不能适应这种打法。

网球运动常被人形容为"挥拍上阵"。曾有人统计过网球比赛中运动员的挥拍情况,结果显示一场比赛总的挥拍次数不少于千次,如果没有强壮有力的手臂是不能胜任的。由此可见,只有具备了良好而全面的身体素质,才能保证网球技术、战术的正常发挥。也就是说,网球运动能很好地全面提高人的身体素质。例如,打网球时需要运动员长时间地连续地来回移动和击球,这能够促进人的反应的灵敏度,使运动员快速起动,迅速移动,并能在较长一段时间内保持这种快速活动的能力。又如,网球运动中有力地抽击球和凶猛的高压球,都需要运动员有较好的力量素质。因此,打网球不但可以培养人判断准确、动作迅速、反应快捷的能力，而且能提高人的速度、力量、耐力等素质，对发展人的协调性有积极作用。

二、网球具有独特的欣赏价值

首先，与其他体育项目相比较，网球运动独特的欣赏价值表现在它是一种技巧性很强的对抗。例如，光发球就有发上旋球、下旋球、侧旋、前冲以及大力重球等等。许多运动员的超水平发挥，常常使发球技术达到炉火纯青的地步，令人叫绝。

网球中的击球技术看似很简单，无非是击空中球和落地球，然而，那些网球场上的高手都有自己的一手绝活。例如，一般网球对击最怕被人逼反手底线球，但瑞典网球运动员博格却最善于处理这种球，每当对手把球逼在他的底线反手位自以为得逞时，他却常常能从容不迫地打出又低又迅疾的超身穿越球，使对手无法还击。美国网球运动员麦肯罗上网还击的交叉线路球，不但动作隐蔽，而且击出的球角度大，常把对手搞得来回奔波，疲于奔命。网球运动员康纳斯的高压击球，又重又狠，每次击球几乎就是百发百中的炮弹。

其次，网球比赛中巧妙的战术运用也是令人回味无穷的。网球的战术是随着网球技术的改进以及场地条件的变化而不断发展的。在 1900 年以前，球网较高，对网前截击打法较为有利。后来球网降低到 1.07 米，便出现了底线抽击和挑高球的打法。20 世纪 30 年代，普遍的打法是底线对攻，而到了 40 ~ 50 年代，又演进为上网型的打法，把防守球改进为网前截击进攻球。现代先进的网球打法，则具有“快、狠、准、变”的特点，要求运动员既能“满场飞”，又能凌空跳跃击球、斜飞鱼跃救球，等等。当然，网球战术无论怎样变化，都不外是缩前吊后，抽打两边。然而，正是网球高手的前后左右、真真假假的变化，导演出无数令人眼花缭乱的场面，令人陶醉。

再次，网球独特的欣赏价值还体现在它特有的美的艺术氛围上。从场地设施到器材使用，以至赛场内外环境的布置，网球除了讲究实用之外，无处不注意营造一种美的氛围。以服装设计为例，网球服在各体育项目中早已自成体系，别具一格。男性要穿翻领上衣、短裤，女性要穿短裙子，且洁白一色缀以各种线条，给人一种朝气、健康、向上的美感。至于运动员在网球场上的一些动作，往往更富于一种特殊的动态美感。例如，曾五次荣获温布尔登男子单打冠军的博格，其双手握拍抽打反手底线球时的动作和当代球王瑞士的费德勒的单手反手的穿越球动作，具有东欧民间舞蹈的韵味；被称为网坛女杰的纳夫拉蒂洛娃，以及现在的俄罗斯优秀网球女选手米斯金娜、莎拉波娃，她们快速奔向网前的身姿，常使人想起《天鹅湖》中白天鹅兴高采烈地扑向王子的舞姿；而超级网球巨星桑普拉斯击高压球的动作，不但具有非洲土风舞的艺术特色，而且当他调整好位置，举拍争取高点压球时，动作的造型简直成了古希腊的一座精美的雕像，有着极其强烈的阳刚之美。难怪有人积极提议，网球运动员的早期训练要增加学习芭蕾和其他舞蹈动作的内容，因为他们认为网球的许多动作和舞蹈动作是相通的。

网球运动离艺术并不遥远，这项运动典雅雍容、清新脱俗，有着遮挡不住的风韵和魅力。网球运动具有古典美。甚至于有人把网球运动赞誉为“运动芭蕾”，网球运动员的步伐和芭蕾演员一样轻盈优美。当桑普拉斯宝剑出鞘般地回击球时，有着古代壮士般的慷慨激昂。网球运动还具有现代美。世界网坛女子选手们争奇斗艳的服饰，代表了流行和时尚。Nike、Adidas 公司将自己对潮流发展的理念都倾注在网球场的模特身上。的确，看网球的人应该具有懂得美、欣赏美、追求美的品位。当你去看场足球赛的时候，你可以大声喊叫，为你的偶像呐喊。但如果这是一场网球赛，有修养的观众会关闭手机,不用带有闪光灯的相机照相,更不会在比赛中走动、发出声响,这和穿着燕尾服,坐在金色大厅里欣赏只能在一曲终了时才能鼓掌的维也纳新年音乐会又有多大差异?! 网坛需要美貌,网球比技艺,也比美丽,球星的外表和魅力也成为比赛的重要组成部分。世界网坛美女云集,她们花样的年华、花样的容貌,加上出众的球技,使得人们把许多溢美之辞统统送给这些网坛女选手。世界网坛著名男球星们挺拔柔韧的身材,坚毅宽容的眼神,矫健生风的步伐,纯熟精湛的球技,坚韧朴素的性格,持重平和的风范,无一不给观众留下极为深刻的印象。他们是网球的力量美与艺术美、外在美与内在美相结合的最好诠释。

特别是从世界网坛名将桑普拉斯和阿加西身上,我们会对网球运动的美学价值有更多更深的感悟。在技术上,他们属于两种流派、两种风格;性格上,他们体现了不同的个性、不同的神韵。桑普拉斯具有一种英雄的豪气,他沉稳、持重、严谨、大气;阿加西则有一种亲和力,他睿智、潇洒、幽默、随意。两个人种种的不同却蕴涵着一种共同点,那就是无可挑剔的精湛球技,心静如水,不计较胜负得失的绅士风度以及亲善友好、宽容大度的美好人格。他们从少年时代就开始同场竞技,竞争伴随着他们互相表达着对对手的尊敬和钦佩。正是他们的激烈碰撞和完美组合,才使网球比赛富有感情色彩,才演绎出世界网坛无数生动的故事,并迸发出网球所特有的美的火花。

当然,网球之所以有其独特的欣赏价值,是因为它特有的"网球精神"。网球比赛跑动场面大,对抗激烈,且又在露天进行,运动员的体力消耗很大。可见,运动员在网球比赛中不但要勇敢拼搏,而且还要有坚韧不拔的品质。因此,网球比赛是力的较量,是技术、战术的较量,也是心理素质的较量。人们在欣赏网球运动时,会有一种力的感受、雅的体验、美的熏陶,而这些正是网球运动所特有的魅力。

第三节　有关网球运动的历史知识

一、网球比赛记分方法的由来

在中国，网球比赛采用阿拉伯数字0、1、2、3、4代表各分球的得失。而在所有的国际网球赛中，都用英语单词Love（英文“爱”字），以及数字15、30、40分别表示0、1、2、3、4，这是为什么呢？

首先，0为什么要用Love来代表？原来，这是根据法语“蛋”(l' œuf)这个单词的发音而来的。法国人和中国人一样都把蛋比作零。网球运动最早在法国开展时，人们画一个椭圆表示一分未得。而网球传入英国后，英国人听到法国人用l' œuf（音“勒夫”）这个发音代表零，于是他们就在本国语言的词汇中寻找与l' œuf发音接近的单词，最后Love就在网球记分时用来代表零了。

其次，为什么以15为计算单位？有人研究认为，15、30、40这三个数字不是由人们随意选用的，它们是参照天文的六分仪而来的。六分仪与1/6个圆一样，共有60度，每度分成60分，每分又分成60秒。早期的网球赛每局有4分，4个15分为1度。和4个15度构成1/6个圆一样，采用15分基数是为了计算每一分球的得失。至于45改成40，那是为了报分时发音简便清晰。早期网球赛每盘为4局，每局为4分，到17世纪初改成了每盘6局，这个规则一直延用至今。

二、网球运动服饰的演变

网球运动的美学特征表现在运动员动作姿态的美感，此外，其服装的新颖和大方也是一个重要的方面。然而，网球运动服装不是一开始就像现在这样的,它也经历了一个演变过程。

1884 年,网球运动开始盛行于皇家贵族的豪宅别墅。在花园内,贵族太太和小姐们总是身穿紧身的带有裙撑的长裙打网球,这种装束便是最早流行的网球服。

1925 年,热爱网球运动的女士爱娜娜·伦吉兰别出心裁,以华丽的紧身绸做成网球服,这种网球服比过去拖地的长裙更有利于运动,它不仅使手脚更解放,而且动作也更舒展大方,促进了网球运动水平的提高。

1934 年,海伦·雅各布斯在英国的温布尔登网球赛中,使用新的面料对网球服又进行了彻底的改革。海伦·雅各布斯成为第一个穿短裙网球服的妇女。

以后,正式比赛的网球服都是白色的,这其中亦有一段有趣的故事。据传,这一习惯始于法国的路易十世国王。当年,路易十世曾一度看中他的一位年轻美貌的女厨师,一心想得到她。一天,路易十世潜入厨房,企图威逼女厨师就范,但这位女厨师坚决不从,她激烈反抗,拼命挣脱,猛地将路易十世一推,这位国王没站稳,一下子便仰面掉进了面粉桶。路易十世狼狈不堪地从面粉桶里爬出来,惊慌失措地来到网球场,装模作样地打起网球来。由于他的衣服上沾满了面粉,满身白乎乎的。善于奉迎的朝臣们还以为这是国王倡导的一种新穿着,便纷纷仿效,都穿上白衣服来打网球。于是这种穿着便逐渐时兴起来,久而久之,成为网球场上的一种特殊服饰。

现在网球服(特别是女装)的设计越来越时装化,而时装也越来越喜欢借鉴网球服式的设计。如今,一些青春逼人、性感简约的现代网球服,更为人们所追求和喜爱。

三、网球场地种类

网球场地的种类很多,就以举世闻名的四大网球公开赛来说,就有三种不同性能的场地。温布尔登网球锦标赛是草地网球场;法国网球公开赛是红土场地(沙地);美国和澳大利亚的网球公开赛则是涂塑硬场地。这三种不同的场地很有代表性。由于沥青涂塑硬场地便于管理,又不受温度和雨期的影响,节省不少劳力,近年来已被广泛采用,成为各大赛事的主要场地。草地网球场受气候影响大,投资和管理费用昂贵,成为豪华网球的象征,现已不多见。沙地球场在欧洲最多,保养也较费力,但地面较软,对膝关节和踝关节的保护有利,较受中老年运动员的喜爱。另外,还有各种化纤织物的人造场地,名目繁多,性能各异。所以,国际网联在戴维斯杯网球赛时,要求主办国把使用的场地提前通知给各参赛方,并允许客队提前来适应场地。水泥球场虽坚固耐用,但地面过硬,对膝关节和踝关节有一定影响。此外它和地板地相似,球速过快,不适宜举行比赛。

下面是被人们称为“网球天堂”的世界上最美丽的10个网球场:

(1) 美国夏威夷比格艾蓝毛纳基亚俱乐部,这里有17个维护得很好的硬地网球场;

(2) 美国夏威夷毛伊的怀莱阿网球俱乐部;

(3) 美国棕榈泉拉曼查俱乐部;

(4) 美国迈阿密的多拉尔-拉奎特俱乐部,有17个网球场;

(5) 英国温布尔登网球场,这里有18个草地网球场;

(6) 英属维尔京群岛的彼得岛饭店网球场;

(7) 法属波利尼亚的博拉博拉网球场;

(8) 摩纳哥蒙特卡洛的城郊俱乐部;

(9) 波多黎各帕尔马斯德尔马网球场;

（10）德国柏林的蓝中心球场，共有24个网球场地。

四、世界职业网球运动员排名的方法

爱好网球的朋友一定非常关心球星的名次排列，然而，你知道它们是怎么排出来的吗？

国际职业网球运动员的电脑排名最早始于1973年。从1973年至1990年，其计分方法是将球员在一年之内所参赛的积分平均起来，然后排名。这种排名方法使一些名列榜首的球员，为了保持其平均积分，尽量避免参加分数少的赛事，更不愿参加没有把握取胜的比赛。针对这一弊病，国际职业网联决定从1991年1月开始采用新的计分方法，以鼓励球员参加比赛，并争取最佳成绩。

现在新的计分方法采用"最佳14场赛事计分制"，即取球员在过去的52个星期（1年）内所参加过的比赛中成绩最好的14场赛事的总积分。每次比赛计单打和双打成绩，每击败一名排名前200位的选手可获额外分数，而每项巡回赛后，排名表都会随着成绩而有所变动。至于参加少于14场赛事的球员，总积分则是一年内他的所有参赛成绩的总和。

最佳14场赛事计分制鼓励球员参加各级巡回赛事，如锦标赛、世界巡回赛及挑战赛等。在这些比赛中，球员只要取胜就可以加分。

在额外加分方面，能够击败排名第一的球手，可加50分，而老计分法只加30分；至于击败排名较后的额外加分，则根据10个积分类别，得到逐渐减少的积分。在巡回赛积分方面，一场50万美元锦标赛的冠军可得积分180分，一场200万美元赛事的冠军可获高达300分的积分，而大满贯赛事取胜的球手可获400分。此外，国外职业网联年底举行的锦标赛的积分也纳入记分系列。

由于网球赛事频繁，加之新计分法使球员愿意投入每一场赛事，并尽量争取最佳成绩，因此国际职业网球运动员排名表几乎每次赛事后都有变动，平均每星期就公布一次。

最近，男子职业网球协会（ATP）又推出了网球排名的新的计算方法。新方法包括：男子网球排名方法改为年度积分，每位选手自 1 月份起从零计算，年终最高的选手就是头号选手，上一年成绩不带入下一年；改“超九”为“超七”赛事。“超七”赛事包括两个美国塑胶球场比赛（印第安纳韦尔斯和比斯坎岛）、两个欧洲红土球场比赛（在摩纳哥的蒙特卡洛、德国的汉堡和意大利的罗马之间选择）、一个北美硬地球场比赛（在美国的辛辛那提和加拿大公开赛之间选择）、两个室内地毯球赛比赛（德国的斯图加特和法国巴黎）；允许女选手参加“超七”赛事，将年终的男女世界锦标赛合并为一个大型赛事，甚至可能包括双打项目。此外，新方案还希望年终世界锦标赛能制定申办程序，这样能使亚洲和南美国家有机会承办。ATP 负责人迈尔斯声称，ATP 希望通过扩大球迷面，使比赛更容易为球迷和新闻媒体所熟知，促使网球运动大众化。

五、参赛场数不够而被罚款

1991 年 10 月 25 日，国际职业网球协会曾向全世界发布了如下消息：

> 排名世界第一的瑞典选手埃德伯格、排名世界第二的捷克斯洛伐克选手伦德尔、排名世界第四的美国选手阿加西，由于上年未打满规定场数比赛，而对这三名选手罚以重款。埃德伯格和伦德尔同意交纳相当于他们上年全部收入的 15%；阿加西被罚的款额为他上年全部收入的 20%。

根据职业网球协会的要求，埃德伯格和阿加西应参加 11 场比赛，伦德尔应参加 10 场比赛。但在 1990 年，这三人参加比赛的次数均比规定少两次，按职业网球协会规定，少参加一次比赛，要罚其全年总收入10%的罚金。三位网球巨星同时因比赛场数不够而被罚款,可以说创下了世界职业网球史之最。

六、网球重返奥运会

1896年,在第一届现代奥林匹克运动会上,网球就是正式比赛项目之一。到1920年,奥运会共举行了七届网球比赛。1924年,因在技术设备和运动员的资格问题上发生争执,此后网球比赛就从奥运会的赛程上取消了。

1984年第23届奥运会时,网球比赛被列为表演项目,我国网球运动员李德鹏参加了此次比赛。在1987年5月的伊斯坦布尔第92届国际奥委会全会上,网球被重新列为奥运会项目。1987年12月23日,国际网联召开会议,通过了关于职业网球选手可以参加1988年第24届奥运会网球比赛的决议。网球终于在68年后重返奥运大家庭。

第四节 中国的网球运动

中国的网球运动滞后于世界网球运动的发展,其发展历程大体上也可分为三个阶段:第一,19世纪后期至建国前,是中国网球运动的起始阶段;第二,新中国成立初期至改革开放前,是中国网球运动的发展阶段;第三,改革开放以后,中国网球运动进入大普及、大发展、大提高的阶段。

一、中国网球运动的足迹

网球运动是在19世纪后期随着西方近代体育的传播而进入我国的。在旧中国举行的第一届全运会上,男子网球比赛被列为正式项目。从第三届全运会开始,又增加了女子网球比赛项目,并一直延续到1948年的第七届全运会。旧中国的网球界和国际网坛的交往是从20世纪开始的。中国男子网球队参加了1915年的第二届至1934年的第十届远东运动会,女子网球队则参加了第六届至第十届的远东运动会网球表演赛。1924年至1946年,中国选手共参加了6次戴维斯杯网球赛,那时著名的网球选手有林宝华、邱飞海、许承基等人。其中邱飞海是参加温布尔登网球赛的第一个中国运动员,1924年他曾进入第二轮比赛。随后,许承基也参加了温布尔登网球赛,他的最好成绩是打进第四轮,并于1938年被列为世界网球第8号种子选手。许承基曾蝉联1938年和1939年英国硬地网球锦标赛的两届单打冠军,林宝华和邱飞海则登上第八届远东运动会的冠军领奖台。

中华人民共和国成立后,网球运动得到了进一步的发展,1953年成立了中国网球协会,并在天津市举办了新中国的首次全国网球表演赛。此后,除"文化大革命"曾中断了五六年外,我国每年都要举办不同形式的全国网球比赛。在历年的全国比赛中,涌现了不少著名的选手。

新中国网球运动的国际交往是从1956年开始的。第一个访问我国的是印度尼西亚队,我国第一次派网球队出访是在1957年去斯里兰卡。以后,中国网球运动员曾先后同30多个国家和地区发生交往,参加过不少大型的国际比赛,并取得了较好的成绩。例如,1959年新中国的第一代网球选手朱振华和梅福基在波兰索波特国际网球赛中首次赢得男子双打冠军。1965年,又有戚凤娣和徐润珍分别获得索波特国际网球赛女子单打冠军和亚军。

改革开放以后,在1980年10月的东京女子网球公开赛上,余丽桥获得单打冠军;1981年1月,李心意和胡娜获得美国白宫少年网球锦标赛女子双打冠军;1983年,中国男子网球队在吉隆坡摘取了代表亚洲最高水平的男子团体赛桂冠;1986年,中国女子网球队在第十届亚洲运动会的团体赛中夺冠;1990 年和 1994 年,潘兵蝉联两届亚运会男单冠军;1995 年 1 月,李芳则闯进了世界排名前 50 名大关。

2004 年,中国姑娘郑洁/晏紫跻身澳网女双八强,书写了中国网球史上最为辉煌的战绩;接着,郑洁在法网跻身女单十六强,再次改写中国网球史上单打最好成绩;以后,李婷和孙甜甜在雅典奥运会上实现历史性突破,为中国夺得了历史上第一枚网球金牌。2006 年 1 月 27 日,在澳网公开赛的女双决赛中,中国选手郑洁和晏紫先输后赢以 2∶1 击败了赛会头号种子雷蒙德和斯托苏尔,获得冠军。这是中国选手首次在大满贯赛事中赢得冠军,将成为中国网球史上的里程碑。

二、中国网球之最

中国首次参加戴维斯杯网球赛是在 1924 年,当时我国有 3 名运动员,即吴仕光、韦荣洛和徐恒,他们自费参加了在澳大利亚举行的比赛。

中国首次在国际性网球比赛中获得金牌的赛事是 1927 年的第八届远东运动会,夺得冠军的运动员林宝华和邱飞海均为旅居国外的华侨,后定居上海,并多次代表中国参赛。他们为我国早期的网球事业作出了重大贡献。

旧中国最著名的网球运动员是许承基,他曾是印度尼西亚一家外国体育器材商店的职员。他热爱网球运动,当地华侨曾捐资送他去瑞士深造。1935 年,他和郑兆佳代表中国参加了在美国举行的戴维斯杯网球赛,第一次取得了赢两盘的战绩,改写了中国参加该项比赛以来从未得分的记录。许承基曾多次参加温布尔登网球锦标赛,并取得过较好的成绩,他于 1938 年被列为第 8 号种子选手。许承基还获得过 1938 年、1939 年的英国硬地网球比赛的两届冠军,英国伯明翰网球赛的三届冠军。他于 1948 年病逝,年仅 35 岁。

新中国的第一批全国网球冠军是于 1953 年产生的。他们是:男子单打冠军梅福基,女子单打冠军朱芒英,男子双打冠军梅福基、朱振华,女子双打冠军朱芒英、章志英。

1958 年,新中国首次派队参加温布尔登网球锦标赛,参赛的 3 名运动员是:吴生康、梅福基和朱振华。

1981 年,新中国首次参加在日本东京举行的联合会杯赛,由余丽桥、王萍、胡娜、李心意组成的中国女子网球队,集中了当时国内最优秀的女子网球手,她们在第一轮比赛中,全胜泰国队,在进入第二轮比赛后,负于澳大利亚队。

1983 年,新中国首次参加戴维斯杯网球赛。在马来西亚吉隆坡举行的加法尔杯亚洲国家网球赛上,中国男队的尤伟、刘树华、马克勤连闯三关,先后战胜了印度尼西亚队、日本队和印度队,首次登上了亚洲男子网球团体冠军的宝座。

在 1986 年的第十届亚运会上,中国队第一次获得亚运会网球金牌。以李心意、钟妮、段丽兰、濮秀芳组成的中国网球女队,以 2∶1战胜韩国队,摘取了女子网球团体桂冠。同时,李心意夺得女子单打的金牌,从而结束了中国选手在亚运会上没有网球金牌的历史。

新中国第一对参加奥运会的网球双打选手是刘树华和马克勤。他们曾于 1983 年获得吉隆坡加法尔杯的男双冠军,两次获得日本草地网球锦标赛双打冠军和日本北海道公开赛冠军,还曾在拉丁美洲国家的比赛中获得咖啡杯冠军。1988 年,他俩首次代表中国参加了在汉城举行的第 24 届奥运会网球比赛。

中国首次承办国际网联(ITF)男子网球巡回赛是在 1993 年 6 月 14 日至 7 月 11 日,这次巡回赛共有 15 个国家和地区的运动员参赛,排名最好的是美国的阿曼德·伊犁克,列第 348 位。中国选手潘兵、夏嘉平、张九华的排名分别是第 385 位、第 488 位、第 680 位。这是属于国际网联系列比赛中最初级别的比赛。

新中国第一届全国大学生网球赛是 1994 年 8 月 8 日在浙江大学举行的,共有来自全国 27 所高等院校的 150 多名运动员参赛。浙江大学一队分别获得男、女团体赛冠军。

新中国第一个获得亚运会网球男单冠军的选手是潘兵,那是在 1990 年的北京亚运会上。在 1994 年广岛亚运会上,他又蝉联男单冠军。

2004 年,中国女选手李婷和孙甜甜在奥运会上实现历史性的突破,为中国夺得了历史上第一枚网球金质奖牌。同年 9 月,在北京举办了首届中国网球公开赛。“中网”先后顺利地获得 ATP 和 WTA 的授权,并设置了 ITF 男女挑战赛以及青少年比赛,从而使“中网”的赛事设置达到了大满贯级别,众多世界网坛的顶尖高手也因此加盟“中网”,令这个新办的公开赛星光闪烁。

第二章 网球运动技术、战术的基础

第一节 击球的基本原理

认真观察网球运动员在比赛中的表现,很容易发现这样的情况:在一般水平的业余比赛中,球员自己击球失误输分的比例往往大于进攻直接得分;而在较高水平的比赛中,胜者常常是主动进攻、击球具有威胁力的一方。其实质就是网球击球的两个基本要求:稳健性和攻击性。

击球的稳健性就是要尽量避免或减少无谓的击球失误,能够按照比赛规则的要求,将球打过网到达对方的场区内。这一点对于爱好网球的初学者来讲尤为重要。一个球员如果具有击球的稳健性,将大大地促使其成为胜利者;假如稳健性和攻击性同样出色的话,胜的概率就更大。据统计,在职业选手的比赛中,每三个无谓失误中,失败者和胜利者的比例是2∶1。

击球的攻击性就是要使合法击过的球能给对方造成威胁,迫使对方回球失误。

因此,总结世界网球技术发展的历史和每个球员技术提高的过程,无非是在击球稳健性逐步提高的基础上不断增强击球的攻击性;或者在加强击球攻击性的要求下,进一步提高击球的稳健性。

击球的稳健性和攻击性从技术角度分析，它和击球的弧线、速度、力量、旋转及落点等因素密切相关。下面分别进行分析与介绍。

一、击球的弧线

由于受地球引力的作用，网球的飞行轨迹总是呈一定的抛物线状态，一般要经过上升、顶点和下降三个阶段，也就是按一定的弧线运行。网球的飞行弧线和击球命中率关系极大。如果弧线太长球就容易出界，弧线太短则球不易过网；弧线过高则易遭对方扣杀，弧线过低则易下网；弧线的方向偏了，球就会从边线出界。

影响网球飞行弧线的因素，主要是击球时的拍面位置和球的旋转。

用同样的力量打出一个没有旋转的球时，当拍面垂直于地面（称平拍面）击球时的弧线比较平长。开拍面有一个略为向上的角度，击出球的弧线就较高较长，击球力量控制不当就会出界。闭拍面的角度稍向地面，击出的球弧线低短，如果打的球齐腰高时球就会落网。

但是在实际打球中，绝对不旋转的球几乎是不存在的，球的旋转始终影响着球的飞行弧线，上旋的球会增加弧线的高度而缩短弧线的长度，下旋的球正好相反。右侧旋的球向对方左侧拐，左侧旋的球则向右侧拐。

了解了网球飞行弧线的这种特点，我们就知道只有掌握了比较全面的击球技术，才能在击打来球时控制自如，并制造适宜的网球飞行弧线，以保证击球的稳健性和攻击性。

比如，当来球是较低的小斜角球或破网球时，应打强烈的上旋球，使弧线弯曲度稍大，距离较短；回击网前高球时，可直线高压；随球上网可用削球打出弧线低平深远的下旋球，造成对方回击困难。而在底线相持阶段时则应尽可能将球打到对方底线附近,这时保持适当的弧线高度是非常明智的,绝不要一心想发力打出速度很快贴网而过的底线球,这会大大降低击球的稳健性。职业选手都很少这样做,多数是用力把球打得又高又远。

二、击球的速度

击球的速度一般是指球向前飞行的速度和击球间隙。

1. 飞行的速度

球向前飞行的速度主要是由球拍击打时的力量大小决定的,其次与球的旋转有关。击打球的力量越大,旋转越小,弧线平直,球飞行的速度就越快。提高球的向前飞行速度,确能提高击球的攻击性,但是一味追求速度,缺少球的旋转变化,就会减小球的攻击威力。因为球速虽然很快,但缺乏旋转变化,就容易使对手适应,并且旋转不多的发力击球,其稳健性要相对低得多。通常在提高球速的练习中应该考虑如何同时提高旋转的变化程度。

2. 击球间隙

缩短击球的间隙时间也是提高击球速度的重要方面,它对提高击球攻击性的效果是十分明显的。在当今高水平的网球比赛中,我们常常看到有些世界一流选手在接发球时就站在底线前面的场内,当对方的大力发球过网落地后,在球的反弹上升期,就直接将球回击过去,这种回击一旦成功,往往就使对手措手不及而直接得分。另外,攻击性较强的上网截击,实质上也就是缩短了回击球的间隙时间,逼迫对手不能及时跑动到位而陷于被动的境地。假如截击过去的球,能被对方从容地回击,那么这时截击者的处境就大为被动了。

提高击球速度应当在基本的击球技术均已掌握,能连续地击深球,并运用一些旋转去控制球路时,再去练习。

三、击球的力量

击球时网球和网球拍的碰撞属于弹性碰撞运动。球与球拍在力的作用下互相变形压缩，拍面和球都会产生一定的凹陷，球和拍面的形变恢复时，球就离拍而去。这时球的运动状态反映为速度与旋转，这是网球在空中飞行的物理特性，也可称为球性。力量作用于球，可通过球的前进速度和旋转强度表现出来。因此，加大击球的力量既能使球获得更快的速度，又能加强球的旋转程度。

击球力量的大小，主要取决于击球时挥拍加速度的大小。要想加大击球力量，就必须加大发球的力量，尤其是击球时的爆发力和全身的协调用力。另外，来球的力量大小和不同类型的击球方式，以及球拍本身的拉力强度都会对击球的力量产生不同的影响。

当挥拍力量大于来球力量时，我们通常称为发力击球，如在发球和正、反手底线抽球时经常运用；当挥拍力量等于来球力量时，称为借力击球，多数的截击球均是借力击球形式；还有减力击球，如放短球时，触球瞬间球拍稍后缩或作一些切削以降低来球的反弹力量，使球落在近网处。

球拍本身的拉力强度对发挥击球力量的作用是很明显的。拉力强度大的拍子固然能起到加强击球力量的作用，但是控制不好，极易将球打飞，甚至使自己的肘部受伤。多数人会感到拍子拉力磅数偏低的球拍反而使人不太费劲就能打出较强劲的球。这是因为弦线较松拉力偏低的球拍在击球时，拍面和球的接触时间较长，从理论上讲，也就使挥拍力量作用于球的时间较长，给球的加速度相对就大，所以击出的球就省力。

因此，每个人应当根据自己的实际情况，量力而行，选择拉力强度适宜的球拍。

四、击球的旋转

在击打网球时,作用力线不通过球心就会使球产生旋转。旋转的强弱决定于作用力的大小和偏离球心的远近,作用力越大,偏离球心越远,旋转就越强,反之则弱。

旋转物体都有旋转轴,网球的旋转轴是多变的,因此网球的旋转形式也是多种多样的,但是基本上分为三种类型:即上旋、侧旋和下旋。

球绕横轴向前旋转为上旋状。上旋球的优点十分明显,即使将球打得又高又深也不易出界,既有攻击性又有稳健性。当具备了一定的网球基础后,应当努力掌握上旋球的打法。

球绕横轴向后旋转为下旋球。下旋球落地后跳起很低并且飘行向前,常会使对手感到不适应。

球绕垂直轴向左或向右旋转为侧旋球。单纯的侧旋球在比赛中很少见,常表现为侧上旋或侧下旋。

五、击球的落点

若要在比赛中取得主动,必须控制自己击球的落点,进而运用落点的变化达到控制和调度对手的目的。

平时练习中应注意落点的准确性。练习左右大角度的斜线球时,尽量将球击向离对方底线和边线 1 ~1.5 米处;左、右小斜线球击向离对方边线和发球线内 1 ~1.5 米处;直线球击向离对方底线 1 ~1.5 米处。不要过分追求击球落点紧贴底线和边线,这会增加出界的可能性。

比赛中利用落点,首先要攻击对方的弱点,对手反手弱,就压住其反手,从中突破。其次用落点调动对方,拉开空当,攻击空当。第三要用落点牵制对手,控制其特长技术的发挥,争取主动。

第二节　基本步法和握拍方法

为了适应激烈比赛的需要,网球运动员必需掌握灵活的步法,才有可能及时抢占有利的击球位置并有效地回击来球。网球运动中有句俗语说:打网球 70% 靠脚,30% 靠手,手法是基础,步法是关键。由此可见步法在网球运动中的重要性,如果步法不好,那么再漂亮的手法也将失去意义。同时,步法的好坏与专项身体素质练习及技术水平都有很大的关系,因此在进行步法训练时,必须与专项身体素质练习及技术训练相结合。

网球运动中的步法不仅仅是奔跑打球,良好的步法必须具有像芭蕾舞演员在舞台上那样的精确性、拳击手那样的反应以及篮球运动员那样的善择时机。

一、基本步法

(一) 底线型运动员的步法

底线进攻打法分为反手控制球然后正手侧身攻和正反手两面攻两种。

前一种打法的运动员是以正手进攻、侧身正手进攻为其主要的得分手段,反手位的球大多是削球控制落点,以便寻找正手机会。因此,这种打法运动员的站位和基本活动区域是在场地底线附近偏左的范围。

后一种打法的运动员是以正反手两面进攻为其主要的得分手段,反手位的球用反手进攻,有时也结合侧身正手进攻,因此两面进攻运动员的站位和活动范围在底线附近稍偏右的范围。

因为这两种打法都是以底线进攻为主,所以基本步法的移动有很多相同之处。底线进攻型运动员的步法一般有以下几种：

(1) 在来球角度不大的情况下，运动员正、反手击球时大多采用“关闭式”，即以前脚为轴，另一脚向前45°跨步，以形成击球步法(图2-1)。

(2) 在正手击球时，还有一种步法称为“开放式”步法，即运动员两脚站立，以前脚掌为轴，转胯转肩形成击球步法(现代网球一般都提倡采取此法)。

(3) 运动员在来球速度较快、角度较大的情况下击球时，正、反手击球步法应是向来球方向作斜插跑动。以正拍为例：左脚随转向右跨出，然后是右→左→右→左地向击球方向移动，正手大角度击球步法分有“开放式”和“关闭式”；反手击球的移动方式与正手正好相反，也可采用“开放式”和“关闭式”击球(图2-2)。

图 2-1

图 2-2

(4) 运动员在来球速度较慢，落点位于中场发球线附近时，大多采用跑动迎上的步伐，正手有“开放式”和“关闭式”两种击球步法；反手为“关闭式”。

(5) 如果来球速度较慢，落点在反手区，此时正手技术突出的运动员大多采用正手侧身攻，其步法为左脚向左跨，右脚跟进，然后做侧滑步，到击球位时，左脚迅速向左上方跨出，右脚随即向左后方移动。

(6) 当对方来球速度快、落点深时,正、反手击球的运动员一般采用先后退再迎上的步法,即先迅速向后退,然后再跨出脚向前迎击。

(二) 上网进攻步法

网前进攻步法可分为发球上网和随球上网两种步法。网前有中场低手截击、近网高手截击和高压球步法。

发球上网是通过有力地发球为上网创造条件。发球后迅速朝网前冲击,在发球线附近急停,在中场截击来球,然后再朝网前贴近,进行封角度并做近网截击或高压击球。

随球上网是在对方来球出现在发球线附近时,攻者利用正、反手击球跟随上网,然后在网前进行截击或高压击球。

由于发球上网、随球上网都属于网前进攻打法,所以两者的进攻活动范围都在发球线附近和网前,两者的步法也基本类似。

发球上网、随球上网的步法一般有下列几种:

(1) 发球上网有单脚起跳和双脚跳两种起步方式:第一种是发球时左脚支撑并向前向上蹬起,右脚随发球跳进场地;第二种是发球时左、右脚同时支撑并向前向上蹬起,随发球左脚先蹬跳进场地,冲至中场发球线做一急停以便判断来球。

(2) 随球上网的步法是正手使用"开放式"或"关闭式"步法,反手采用"关闭式"步法,类似中场迎上击球步法。

(三) 步法的训练

1. 步法的基本要领和基本动作

(1) 学习掌握步法中的基本要领和基本步法。基本步法有滑步、跑步、跨步、踮步、交叉步等(图 2-3、2-4、2-5)。

(2) 徒手练习前后、移动的动作。

(3) 结合挥拍练习步法。

(4) 利用多球进行步法练习。应由慢到快,由易到难。

图 2-3　　图 2-4　　图 2-5

(5) 步法训练安排要有目的性、针对性,把技术训练和步法练习有机地结合起来。

(6) 有时步法训练要和专项身体训练结合起来,以增强下肢起动速度和力量。

(7) 在练习某一项步法时,可规定组数和次数,并要求在规定时间内完成一定的组数和次数。

2. 步法训练注意事项

(1) 初学者脚步起动的快慢与其判断是否敏锐和准备姿势是否得当有着密切的关系,敏锐的判断和正确的准备姿势有利于快速起动。

(2) 为了保持击球动作的稳定性,前后、左右的移动应保持身体重心在相同的水平面上,不要有太大的高低起伏。

(3) 迅速而有力的蹬地动作将全面加快起动速度,左右移动时,要侧蹬和侧跨;前后移动时,要后蹬和前跨。这是网球运动脚步移动的主要特点。

(4) 在脚步移动时,注意身体与球的之间要有一个合适的距离,这样才能有效地挥拍击球。一些初学者在跑动中击球时最容易犯的错误是距离球太近,这样就没有了一个合适地挥拍击球的距离。

二、握拍的方法

学习打网球，首先要掌握正确的握拍方法，这对初学者来讲是非常重要的。有些人抓起球拍就打球，往往练了很长时间进步却不大，而且打起球来给人的感觉很别扭，主要原因是不讲究握拍的方法。因此，选择正确的适合个人特点的握拍方法是初学者必须注意的环节。

在所有的技术中，最基本的技术是握拍，它能直接影响球拍面接触球的角度。目前世界流行的握拍有三种：即东方式、西方式和半西方式。不同的握拍法产生了各种不同的击球效应和打法，不同的打法在网坛上都获得了较好的成绩。所以，各种握拍方法都要提倡，以互相促进，推动网球技术不断发展和提高。

（一）握拍的重要性

握拍的方法与击球动作有着密切的关系，手上握的拍子其实就是击球者手臂的延伸和扩大，每个击球动作都是由手臂、手腕、手指相互配合来完成的。所以，握拍的好坏对技术的全面提高有较大的影响。作为初学者，必须按正确的方式握拍，用拍面正确的部位、角度与球接触。起初会有些不习惯、不舒服之感，但一段时间后就能体会到正确握拍的好处了。

（二）握拍术语

握拍的术语是对握拍手的"虎口"所形成的"V"字形而言的。然而，每个人的手不可能完全相同，单凭"V"字形不一定可靠，所以可从以下三者来检查。

(1) 手掌根：即小鱼际所在部位。

(2) 食指下关节：即食指掌指关节腹面所在部位。

(3) 手指垫：即拇指指间关节腹面所在部位。

握拍手及拍柄各部位的名称如图 2-6 所示。

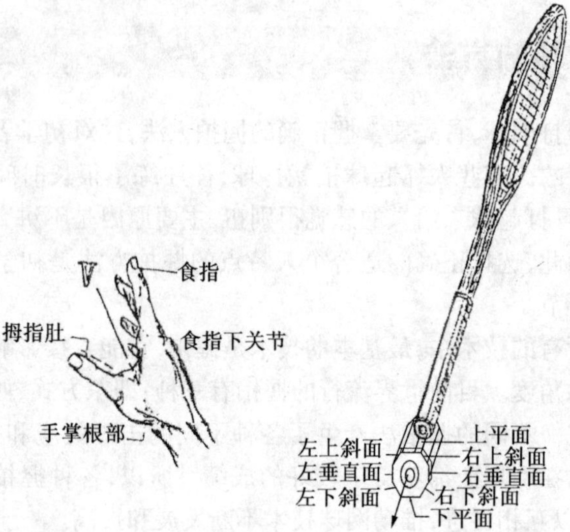

图 2-6

（三）握拍种类及其方法

图 2-7 是各种握拍法的简单示意图。

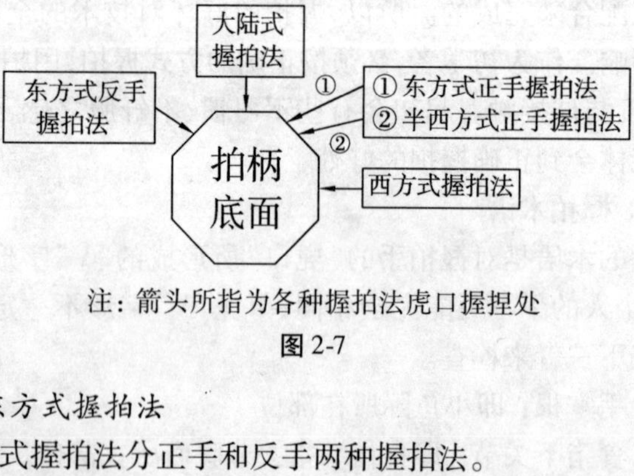

注：箭头所指为各种握拍法虎口握捏处

图 2-7

1. 东方式握拍法

东方式握拍法分正手和反手两种握拍法。

（1）动作要领：

① 东方式正手握拍法：左手先握住拍颈，使拍子与地面垂直，然后手掌垂直于地面，手握拍柄好像与人握手。故亦称“握手式”握拍法。大拇指与食指虎口所形成的“V”字形对准拍柄上平面右侧与右上斜面交界的位置，手掌紧贴右垂直面。拇指的第一关节扣住拍柄左垂直面。食指与中指稍分开，如扣手枪扳机状，从下平面绕过来。中指、无名指、小指紧握拍柄与大拇指靠接，掌根与拍柄底部齐平（如图 2-8 所示）。准确地说，用右手掌根与拍柄右上斜面贴紧，拇指垫握住拍柄的垂直面，食指稍离中指，食指下关节压住拍柄右垂直面，五指握紧拍柄。这种握法能增大正手击球力量（如图 2-9 所示）。采用东方式正手握拍法与握手的姿势相似。此时应能感觉到球拍如同自己手的延伸，拍面是加长扩大了的手掌。这种意识对初学者提高控制球拍的效果是很有好处的。

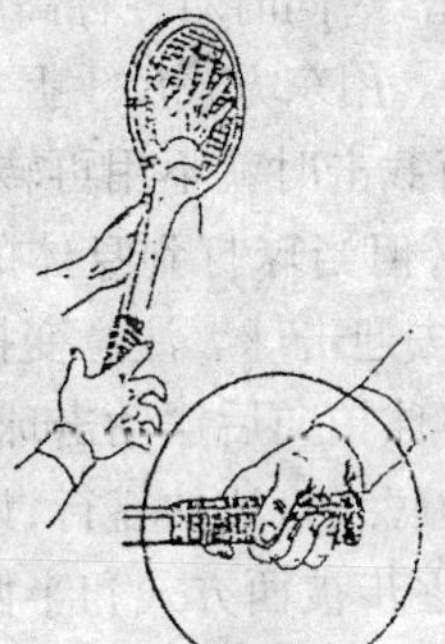

图 2-8

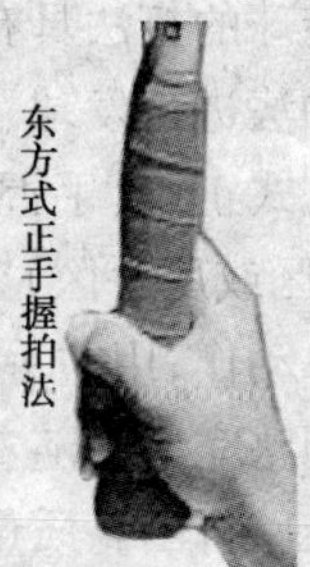

图 2-9

② 东方式反手握拍法：东方式反手握拍法是在东方式正手握拍法的基础上向左旋转约 90°，虎口的“V”字形对准拍柄左上斜面，手掌根部贴住拍柄的左上斜面，与拍柄底部齐平。食指与其他手指稍离开，压住拍柄右上斜面，拇指直伸紧贴左垂直面（如图 2-10 所示）。但在击较低的来球时，拇指应稍曲，用拇指肚压紧左下斜面，食指下关节压在右上斜面上（如图 2-11 所示）。避免拍头

下垂,防止养成不规范的反手击球动作。

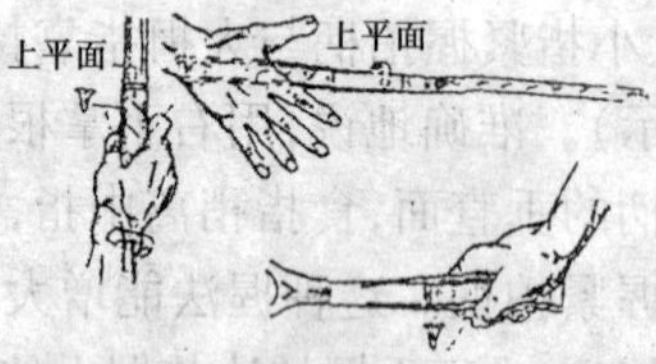

图 2-10

东方式反手握拍法

图 2-11

(2) 特点与注意事项:

该握拍法比较适宜底线正、反手击球,同时对各种高度的球及各种旋转球的打法具有广泛的适应性。用东方式反手握拍法和大陆式握拍法进行发球、接发上网,网前截击时就不用再转换握拍。虽然东方式正、反手握拍法转动不大,但当球打到身体的另一侧(即正手区或反手区),必须变换握拍去迎击球。注意变换握拍开始于准备动作,用左手扶住球颈部,在球拍向后摆动击球之前,握拍必须调整完毕。随着现代网球运动底线打法的盛行,该握拍法在底线难以打出高质量的上旋球,有逐步被西方式和半西方式握拍法所替代的趋势。

2. 大陆式握拍法

(1) 动作要领:

与东方式握拍法不同,大陆式握拍法在进行正、反手击球时都无须变换握拍。虎口"V"字形对准拍柄上平面与左上斜面的交界线,握时手掌要贴在拍柄上部的平面,食指与其他手指稍微分开,食指关节紧贴右上斜面,拇指包绕左垂直面,反手击球时拇指可直伸紧贴左垂直面。掌根贴住上平面,与拍柄底部平齐。(如图 2-

12、图 2-13 所示)。

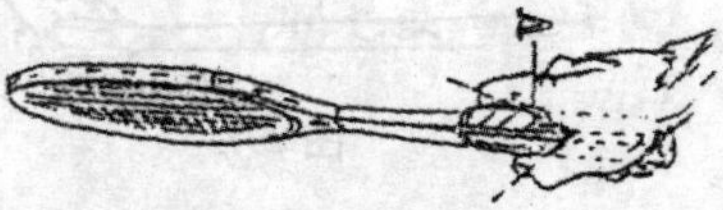

图 2-12

图 2-13

(2) 特点与注意事项:

由于该握拍法不需要变换握拍,因此具有简单、灵活的特点。对处理低球很适合,对上网截击也很有利。但对于腰部以上的来球,不易控制拍,故打高球不太方便,同时也打不出强有力的上旋球。

3. 西方式握拍法

西方式握拍法分正手与反手两种握拍法。

(1) 动作要领:

① 西方式正手握拍法:手掌心朝上,手掌的大部分放底部,手掌根贴在拍柄的右下斜面上,与拍柄底部齐平。拇指在拍柄的上部平面,食指的下关节握住拍柄的右下斜面。握拍的动作好似"一把抓"(如图 2-14 所示)。

手掌虎口的"V"字形对准拍柄右上斜面的下缘或右垂直面(如图 2-15 所示)。西方式正手握拍法击球时拍面略下倾,能产生强烈的上旋,"破网"效果很好,但需要足够的腕力,否则无法持久使用。一般认为西方式正手握拍法运用时相对难度较大,一般都是专业运动员采用。

图 2-14

图 2-15

② 西方式反手握拍法：在正手握拍的基础上，球拍上下翻转，用与正拍击球时同一拍面击球或拍子顺时针转，使虎口“V”字形对准拍柄的左垂直面，食指下压拍柄的上部手面，手掌根贴住左上斜面，与拍柄底部齐平。

（2）特点及注意事项：

采用西方式正、反手握拍法有利于抽击出强有力的上旋球，特别适合打腰部及腰部以上的来球。由于握拍手在球拍柄的下方，所以对比较低的来球，正、反手都较难处理些。

4. 其他握拍法

（1）混合式握拍法（如图 2-16 所示）：

图 2-16

图 2-17

混合式握拍法即半西方式握拍法，它的正手握拍法是介于东方式与西方式之间的握拍法，虎口“V”字形对准右上斜面偏右些。它的特点是结合了东、西方式握拍法的优点，便于抽击任何来球，目前为不少优秀选手所采用。

(2) 双手反手握拍法（如图 2-17 所示）：

双手反手握拍法的动作要领是，右手是东方式反手握拍或大陆式握拍，握在球拍拍柄的底部，手掌要与拍柄对齐。左手握在右手的上方，做东方式正手握拍（图 2-18）。该握拍法的优点在于：力量不足的运动员学反手比较容易，同时这种握拍法易于对来球加上旋并进行发力，动作具有隐蔽性，对方不易发现是击斜线还是击直线，缺点在于对步法要求较高。

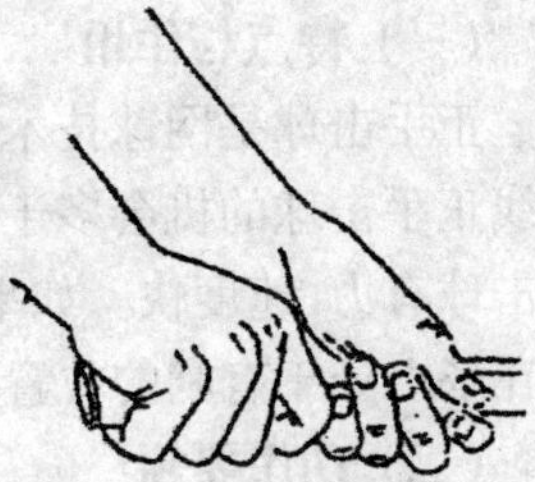

图 2-18

(3) 双手正、反手握拍法：

双手正、反手握拍法即正手击球时是双手握拍，反手击球时也是双手握拍。它的动作要领是：准备动作与基本准备动作相似。以右手持拍为例，即右手东方式混合式握拍，左手握拍在右手上方，当对方击球朝拍来时，左手下滑，右手迅速与左手换位，形成类似左手反手击球，击完球后，还原至右手在后、左手在前的准备动作。反手击球时，与双手反手击球相同。双手正、反手击球的特点是：正、反手击球没有明显弱点，都能对对方构成威胁，而且动作隐蔽，便于发力，但要求运动员判断准确，反应敏捷，步法移动快。

第三节　击球的基本技术

一、正手击球技术

（一）特点与作用

正手击球是网球技术中的一项重要进攻技术。从实践上看，底线正手击球的机会多于底线反手击球，而且动作幅度比较大，因而击球有力，速度快。如果正手抽击技术掌握得好，可以使自己始终在场上处于有利的位置。

（二）动作要领

1. 握拍法

对于初学者来说，掌握正确的握拍法，我们建议采用东方式正手握拍法或东、西方混合握拍法（半西方式）较为适宜（如图 2-19 所示）。

图 2-19

图 2-20

2. 准备姿势

正确的正手击球总是提前进入准备状态，因为正手击球需要较大的挥拍动作。初学者在准备时，身体要面对球网，两脚分开与肩同宽，上体稍前倾，双膝微屈，脚跟稍提起，重心落在前脚掌上。右手持拍于腹前，左手轻托拍颈，两肘自然下垂略外张，拍头稍高于柄（图 2-20）。拍面垂直地面并指向对方，注意力集中，准备迎击来球。

这种准备姿势除发球外也适用于大多数的击球技术。因此只要有可能，击球后就应及时还原到这种准备姿势。特别要向初学者强调的是，左手必须扶拍颈。这样一可以减轻右手的负担，二可以帮助右手变换握法及迅速向后拉拍，并且还可以及时做出转肩动作。但许多初学者总是习惯像打羽毛球一样以单手执拍的准备姿势来打网球。这将会影响掌握正确的网球击球技术和网球水平的提高。

3．转肩后摆

当判断对方击球朝自己正手方向来时，就应该开始向后拉拍，利用转髋的同时转动双肩，带动拍子向后引，成弧形后摆动作或直接向后拉拍，肘关节弯曲稍抬起（注意手臂不宜伸直，要形成一定的角度），与此同时左手向前伸出，以利于身体平衡。有时为了便于转肩，我们也可以用左手轻推球拍，双手作手铐状，辅助右手完成后摆动作，如阿加西、罗迪克引拍状（图 2-21）。

图 2-21

在转肩拉拍这个环节上,转肩与击球的质量关系很大。有些初学者看到网球飞来,往往只是挥臂去击球,很少或者几乎没有转肩的动作,结果肯定打不好球。拉拍确实也要尽量地早,因为早拉拍,回击球的时间就充裕。及早转肩能使拉拍动作相当自然地完成,随后加上适当跨步,使人处于一个能够流畅击球的体位上。

4. 击球的步法

击球的步法主要分关闭式、开放式两种。关闭式步法是在球拍做后摆动作的同时右脚向右转,约与底线平行,左脚向斜前方做45°迈步,从而形成了关闭式步法。开放式步法是在球拍向后引做后摆动作的同时,双脚基本与底线平行,只是需要较多的转体动作相配合。这两种击球步法,击球前的重心都在右脚上,随着击球和动作的随挥,重心移到左脚。现代网球一般在底线较推崇开放式步法配合西方式或半西方式握拍法,这种步法对于击球后的迅速移位和打角度较大的斜线球更有利(图2-22)。

图2-22

5. 击球动作

当拍子后摆进入向前挥动时,球员一定要向前迎击球。借助蹬腿转髋和腰的快速、短促扭转，利用离心力大力摆动身体并挥出球拍（一定注意手臂向前挥拍不能先于身体的转动），此时应紧握球拍固定手腕，肘关节微屈，同时靠近髋部向击球点挥去，击球点在轴心脚的侧前方，在击球瞬间手腕处于"＜"形状，腋部要呈夹紧状态（图 2-23）。以关闭式步法击球时，击球点在前脚尖的前方；开放式步法击球时击球点在右脚侧前方（左手运动员反之）。击球时，一般拍框上沿应与手腕部等高（具体视击球点高低和打法而定），眼睛看着球，用球拍中心（甜点）打准球（图 2-24）。

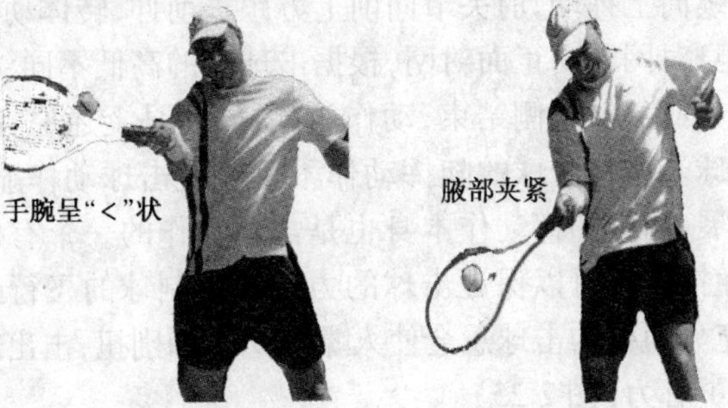

图 2-23

图 2-24

初学者在挥拍击球时，经常无法用球拍中央部位的“甜点”击球，而将球打在球拍的框边上。这在很大程度上与初学者没有用眼睛将球牢牢盯住有关。因此，初学者应该有意识地训练自己用目光专心注视来球，直至球拍将其击中，久而久之，情况就会大大改善，击中球拍“甜点”的机会将会越来越多，击球质量就会明显提高。初学网球者切不可忽视这一点。

6. 随挥动作

随挥动作的去向意味着球的去向。击球后，球拍沿着球飞行的方向继续向上挥动，肘关节向前上方跟进前伸，转体动作也由后摆时的侧身对网转向正面对网，根据击球点的高低不同，拍子随挥至左肩上方或身体左侧结束，动作放松，同时马上还原，准备回击下一次来球。这种击球的随挥动作不仅能使击球动作显得流畅、协调和舒展，而且随挥动作本身也是击球动作的一个有机组成部分，因为随挥动作可以保证击球的力量和控制球的飞行弧线。所以，没有充分随挥的击球总会使人觉得吃力和别扭，击出的球也不能更准确更有力（图 2-25）。

图 2-25

正手击球是网球技术中最基本的击球方法，既是初学者的入门技术，又是多数运动员用以得分取胜的主要手段。

图 2-26 是一组正手击球的连续动作。

图 2-26

二、正手击球的种类

（一）平击球击球法

1. 特点与作用

纯粹的平击球是没有的，只是或多或少地带些上旋。正手平击抽球具有飞行路线平直、落地弹跳低、冲力大、进攻性强的特点。在底线对拉相持中或在对攻中，如果平击球技术运用得好，不仅可以为进攻创造条件，而且有时还能直接得分。由于平击球的飞行路线平直而缺少弧线，对击球点的掌握较难，因此该击球法的命中率和准确性比较差，一般击球点高于球网时才比较适合打平击球。

2. 动作要点

(1) 东方式握拍法或东、西方混合握拍法,以腰的扭转带动拉拍,动作放松,手腕控制好拍面,手背与小臂成30°角。

(2) 充分利用腿部蹬腿和腰部回转的力量,带动整个手臂的快速挥动,用力要集中,击球时手背与小臂成30°角,球拍击球中部直接将球击出。

(3) 攻击斜线时,应击球的中右部或中前部;攻击直线时,应击球的中部为主,在步法上,应根据对方来球的落点变化而作出相应的反应,采用关闭式或开放式步法。

(4) 由于平击球飞行弧线平直,容易出界或下网,因此挥拍动作不应向上太多,几乎有些平行地向前挥动击球,拍子随挥至左肩侧下,这样便于压住球并控制好球过网的高度(图2-27)。

(1) (2) (3) (4)

图2-27

（二）上旋球击球法

正手上旋球是在平击球的基础上发展起来的。打这种球时，球拍后摆幅度较大，拍头低于击球点，挥拍路线从后下方到前上方，并尽可能长地保持球与拍弦的接触时间。上旋球的飞行路线呈向上弧行迅速下降，落地后反弹很高很远。在比赛中如果运用于“破网”，则效果极佳。上旋球也适用于大角度的击球和在中、前场区的攻击性击球。

上旋球的形成是由于球拍向上摩擦整个球体，使球产生上旋。上旋球抽击法包括充分旋转的弧线型的“弯月球”上旋球抽击法与控制旋转量、快速接近“平击球”的上旋球抽击法两种。

1.“弯月球”上旋球抽击法

（1）“弯月球”上旋球的特点：飞行弧度高，下降速度快，落地后球弹跳得很高，是对付上网型打法的常用方法，也是把对方压在底线或打穿越球的一种有效技术。目前在世界上被广泛使用。在比赛中，当自己的站位不利或对方来球难度较大，为了打乱对方击球节奏，为自己进攻创造机会，这时运动员常会运用弧线型的“弯月球”上旋球。

（2）动作要领：

① 打“弯月球”上旋球时的握拍法应是比东方式正手握拍更后的握拍法，即半西方式或西方式握拍法，拉拍时让左肩向前，上体作扭转，以全身摇摆拉拍，拍头下垂，手腕向后翻转使手背形成角度（图 2-28）。

② 击球时，用腰的扭转，左肩拉开，使右肩向前推出，做到左肩和右肩交互变换，使身体成为开放姿势再出拍，手腕与肘应稳定地使用，拍子由下方向上方挥出。

③ 击球后，柔软地使用手腕作汽车雨刮器状，最后把球拍挥至内侧，靠近身体的部分。击球部位在于球的中部或中部偏右位置（图 2-29）。

图 2-28

图 2-29

2. 接近“平击球”的上旋球抽击法

(1) 接近“平击球”的上旋球的特点：飞行弧线较低，速度快，前冲力大，球落地后弹跳不高。由于该上旋球前冲力大，本身有一定的力量，所以能起到直接得分的作用。可用于底线对拉相持中的突击和侧身攻，以及接发球抢攻和中场抽杀。

(2) 动作要领：

① 握拍及准备动作与“弯月球”上旋球大体相似，不同点是挥

拍路线不是主要由后下向前上，而是由后向前多些的挥拍路线。

②“平击球”上旋球的击球时间在球跳起后的高点或下降前期，击球点在球的中部或中部偏上位置。发力方向是以向前为主略带向上。

由于打上旋球必须充分利用腰的扭转，为了自然地扭转腰，因此采用开放式的步法击球比较好。因为关闭式步法击球时，踏前脚（左脚）应配合来球踏出。而在开放式步法击球时，轴心脚是后脚配合球，决定轴心脚之后，便不会再有踏前动作，所以从一开始，使轴心脚踏出，这是重点所在。

开放式步法击球时，后膝微屈，等打完球后，再将重心移到左脚。打高点球时，则放大横向的腰的扭转，如雨刷般挥完球拍。

下面是一组上旋球击球法的连续动作（如图 2-30 所示）。

图 2-30

（三）下旋球击球法

1．特点与作用

在正式比赛中，利用正手打下旋球是比较少的，一般在回接对方大力发球或回接对方第二发球上网以及随击球上网的过程中，利用正手下旋球（推切球），可以做到在对方来球落地弹起后的上升期击球，所以回球速度快，另外可以改变场上的比赛节奏，缩短对方连续回击球的准备时间，为争取主动创造条件。

2. 动作要领

(1) 判断来球,及早做出准备,在球弹起后的上升期迎击球。

(2) 后摆动作小,略像网前正手截击动作的拉拍,拍面略开,随着球拍向前挥动,在击球瞬间,对拍面几乎是垂直于地面。

(3) 击球点在身体侧前方,击球时身体重心随挥拍动作一起向前,同时步法也相应跟上。

(4) 如果对方来球是上旋,跳得较高时,球拍应击球的中部,向前向下推切用力;如果对方来球是下旋,跳得较低时,球拍应击球的中下部,向前并略向上推切(图 2-31)。

图 2-31

三、反手击球技术

反手击球的技术相对难度较大,因此一般初学者大多采用“正手攻击,反手防御(以削球为主)”的打法。但是随着网球技术的发展,反手的攻击性打法已成为球员必须掌握的一项基本技术,特别是反手上旋球既具威胁力又有较高的成功率。学习反手击球,关键是要反复进行练习,初学者一旦掌握了反手击球的基本技术要领,反而会觉得更加自然,特别是随球前挥的动作显得流畅优美,这一点在打正手球时是不容易做到的。

(一) 反手击球的种类

反手击球技术有上旋球击球法与下旋球击球法,有单手击球法与双手击球法。

(二) 单手反手击球技术

1. 特点与作用

由于单手反手击球的力量较小,因此,在比赛中都被对方当做弱点来对付,但如果单手反手击球技术掌握得好,也能在比赛中扭转被动挨打的局面,提高自信心。

2. 动作要领

(1) 东方式反手握拍法:准备动作与底线正手准备动作相同。当判断出对方来球方向是反手时,握拍由东方式正手或东、西方混合式正手握拍法转换成东方式反手握拍法(图 2-32)。

图 2-32

(2) 后摆动作:左手轻托球拍的颈部,一旦判断决定打反手球,应立即转动双肩。右肩侧身对网并前探,以对准击球点,几乎是背对球网,同时右脚向左侧前方约 45°角跨出,全身自然放松,注意力集中,握拍手肘关节弯曲并贴近身体(图 2-33)。

（3）击球动作：一般开始击球前成闭锁式步法，跨步能使身体重心跟进并保持平衡。同时要保持屈膝，上身下弯，然后球拍向前上方挥出击球，打出带上旋的反拍球。击球点在跨出脚的前面。

图 2-33

拍触球时应绷紧手腕和前臂，拍面与地面保持垂直。这样能使击球更有力和平稳，并且利用腰部力量，配合挥臂动作，协调地作用于来球。如果要把球打得既凶又准，就必须要向前迎击击球，击球点在轴心脚右脚的侧前方（双手握拍反拍击球点在左脚的侧前方），力争打上升球，因为上升球比下降球有较快的速度和较大的力量，可以借助，所以回击球的速度也比较快。当向前挥拍击球时，朝着球网一鼓作气地回身转腰，拍面垂直于地面，肘关节微屈并外展，手腕紧锁，眼睛盯住击球点，头部相对固定，并由下向前上方奋力挥出。在将要击球时刻，身体重心由后脚移向前脚，使身体重心顺畅地移到击球中去。

（4）随挥动作：由于腰的扭转，击球后使身体面向球网，为了控制球，跟进动作时球拍应向上挥到肩或头部的高度，同时保持身体平衡并准备下一次的击球（图 2-34）。

有人把单手反手击球形象地比喻为“宝剑出鞘”的抽剑动作，是有一定道理的。收拍时侧身，手伸向后，如同手握剑柄准备抽剑。击球过程如同抽出宝剑，跟进随挥动作如同剑挥向上前方。借助这个形象的比喻，可帮助初学者较快地掌握反手击球的动作要点。

图 2-34

（三）双手反手击球技术

双手握拍击球曾被人们认为是不正确的坏习惯，但是现在人们的看法完全改变了。一大批世界顶级优秀球员都采用双手反手握拍击球。如大家所熟悉的阿加西、张德培、库里尔、塞莱斯、桑切斯等都是双手反手握拍击球。塞莱斯则是比较少见的正反手均用双手握拍击球的世界女子网球高手，其底线抽杀的凶猛有力程度目前在世界女子网球选手中几乎无人可以匹敌。

1. 特点与作用

双手反手握拍击球具有准确、隐蔽、有力的特点。作为业余爱好者,如果感到单手反手击球力量不够的话,采用双手握拍进行反手击球,应该说是一种合适的选择。由于双手反手击球能像正手击球一样,打出高质量、高难度的进攻球,为此现在双手反手击球技术仍受到不少著名运动员的青睐。对于初学者来说,双手反手击球也较易掌握,因为双手握拍容易固定拍面。双手反手击球不论来球高低,都便于对球施加上旋,发力击球也比较容易弥补反手击球力量不足的弱点。双手反手的弱点是控制范围较小,要求运动员脚步移动要更快。

2. 动作要领

(1) 对于一般初学者而言,我们提倡双手反手的握拍方法是,右手用东方式反手握拍法,左手用东方式正手握拍方法。这种握拍法,易于控制拍面,挥拍自如有力,击球点范围较大。

(2) 双手反手准备击球前的站位姿势,一般采用双脚平行、身体侧向来球(图 2-35)。

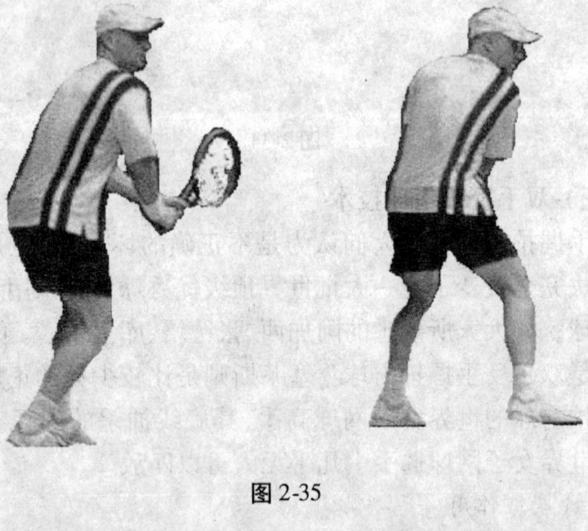

图 2-35

(3) 双手反手的向后引拍要简单,幅度要小。手臂要随转体自然地向后拉拍，并尽可能地保持两条手臂贴近身体。拍头位置稍低于击球点，但不要低于手腕。保持拍柄的底部正对来球（图 2-36）。

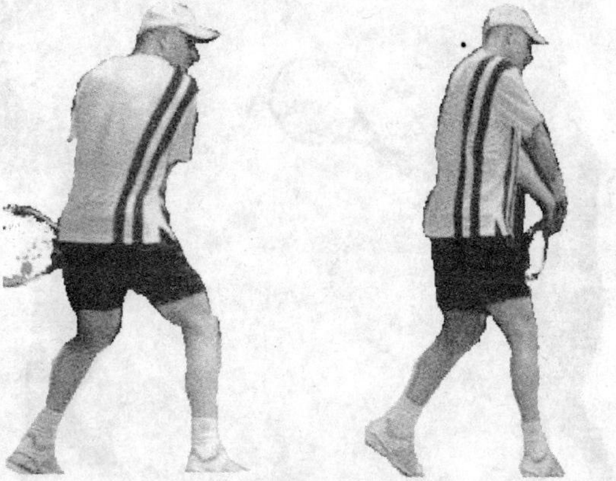

图 2-36

（4）在向后引拍时，要保证肩膀确实转动有力，保持上身的扭转、紧张，并可以从右肩膀的后面看到来球。

（5）引拍结束时，应保证重心确实踏在后脚上，同时收紧下颌，伸展背肌，保持身体的平稳。

（6）向前挥拍时，一定要靠重心前移，带动转体前挥球拍。在挥拍过程中，尽量保持拍面持续垂直地面，并沿着由下向前、稍向上的轨迹挥动。

（7）击球点的位置一定要固定在体侧，离身体约一个球拍的距离，高度与腰部同高。

（8）球拍触球时，右臂伸直，拍面垂直地面，并有向前推击的感觉。同时保持收紧下颌，眼睛盯住球（图 2-37）。

（9）随挥动作要充分向前、向上、向右外上方挥拍，环绕至右肩上方，并保证左臂不要挡住脸部，最好与下颌接触（图 2-38）。

（10）挥拍结束时，重心要充分落在前脚上，并保持后脚确实与地面接触，后脚鞋底正对后面的挡网（图2-39）。

图2-37

图2-38

图2-39

(四) 反手上旋球击球技术

1. 特点与作用

反手上旋球亦称进攻性反手击球,球在空中的运行特点及落地后的弹跳特点,与正手上旋球相似。如果运动员能熟练地掌握反手上旋球技术,就能在比赛的相持对拉时争取主动,给对手出其不意的进攻,为下一板进攻得分创造有利条件。反手上旋球也有“平击式”上旋球和“弯月球”上旋球。

2. 动作要领

(1) 反手上旋球击球法向后拉拍要早,左手轻扶拍颈,借助转体,右肩侧身对左侧网柱(背对网),右脚向前上方跨出,持拍手肘关节微屈并靠近身体,向后引足拉拍。

(2) 当球落地跳起时,持拍手借助腰的回转,球拍由后下方向前上方挥出,击球点在身体侧前方(右脚尖前方),击球时拍面垂直地面,击球的中部偏下。

(3) 击球后动作要向正前上方挥出,重心也由左脚移到右脚,同时正面对网,结束动作要放松并顺其自然(图 2-40)。

图 2-40

（五）反手下旋球击球技术

1. 特点与作用

反手下旋球亦称防守性反手击球，俗称“削球”。由于削球容易掌握，且比较安全，易为大多数初学者和中等水平者所喜爱。一般来说，反手下旋球是防御性的，当对手大力发球或扣杀，自己无法用上旋球和平击球进行反击时，即选择切削打下旋球来过渡，这是比较明智的打法。另外，当来球反弹高于肩部时用削球来回击亦是很适宜的。如果削球技术掌握得好，也能成为进攻的武器，它可以改变比赛节奏，打出平面低且落点多变的球，使对手不易还击，尤其用于随球上网的一板随击球，可起到令人满意的效果。

图2-41所示是一组反手下旋球的连续动作。

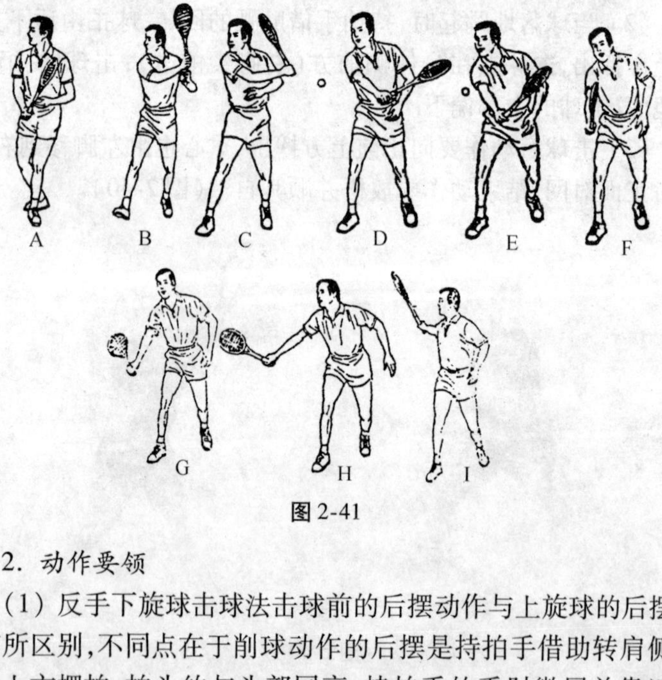

图2-41

2. 动作要领

（1）反手下旋球击球法击球前的后摆动作与上旋球的后摆动作有所区别，不同点在于削球动作的后摆是持拍手借助转肩侧身向后上方摆拍，拍头约与头部同高，持拍手的手肘微屈并靠近身体。右脚向前上方跨出，重心在左脚(图 2-41，动作 A 至 C)。

(2) 击球点同样在右脚侧前方，如果想打斜线，击球点要提前些；如果打直线，击球点可以稍后些。当持拍手向前挥拍击球时，朝着球网回身转腰，肘关节外展，手臂伸直，手腕紧固，身体重心由左脚移到右脚，膝关节微屈(图 2-41，动作 D 至 F)。

(3) 击球时拍面要微开，球拍由后上方向前下方挥动做切削动作。击球点在球的中部或中部偏下。击球后球拍的随挥动作应由下稍微向上成弧形，挥动到肩或头部的高度并面向球网(如图 2-41 动作 G 至 I、图 2-42 所示)。

图 2-42

第四节 发球与接发球的基本技术

一、发球技术

在现代网球运动中，发球是最重要的技术之一，是惟一由自己掌握而不受对方制约的击球法。它可以在较大程度上发挥出个人的特点，用以控制对方，为自己的进攻创造有利条件。所以，运动员必须比较全面地掌握各种发球技术，便于自己在比赛中争得主动。

（一）发球动作要领

1. 握拍法

发球的握拍分为大陆式或东方式反手握拍。

2. 准备姿势

运动员全身放松，侧身站立在端线外中场标记近旁（单打），左肩对着左边网柱，面向右边网柱，两脚分开约与肩同宽，左脚与端线约成45°角，右脚约与端线平行，重心在左脚上。左手持球轻托球拍在腰部，拍头指向前方。呼吸均匀，精神集中（图2-43）。

图 2-43

3. 抛球与后摆

抛球与后摆拍动作是同步开始的。抛球手拇指、食指和中指三指轻轻托住球，掌心向上。当球拍向下向后引拍时，抛球的手同时下降至左腿处，紧接着当球拍从身后向头上方做大弧度形摆动，身体做转体，在屈膝、展肩时，持球的手柔和地在身前、左脚前上举，直至伸直高及头顶。抛球动作要协调、平稳，球送至最高点再离开手指顺势到空中。此时右肘向后外展，约同肩高，拍头指向天空，左侧腰、胯成弓形状，身体重心随着抛球开始先移向右脚，然后平稳地开始前移。此刻，肩与球网成垂直角（图 2-44）。

图 2-44

图 2-45

4．击球动作

当左手抛出球时，球拍继续向上摆起，这时握拍手的肘关节放松，向前转动的身体和右肩自动地使手臂产生一个完美的绕圈（注意不是故意，“撂挑子”，做搔背动作），当球下降至击球点时，迅速向上挥拍击球，左脚上蹬，使手臂和身体充分伸展。当身体向前上方伸展击球时，肩、手臂已经回转，双肩与球网平行。挥拍击球时，持拍手腕带动小臂有一个旋内的“鞭打”动作，这就是发球发力的关键动作，也是其他诸如重心前移、蹬腿、转体、挥拍等力量集聚的总和（图 2-45）。

5．随挥动作

球发出后，身体向场内倾斜，保持连续的完整的向前上方伸展的随挥动作。左腿蹬进场内，右腿后抬，球拍挥至身体的左侧（美式旋转发球球拍随挥至身体的右侧），重心移向前方，做到完全自然地跟进并保持身体平衡（图2-46）。

图2-46

（二）发球的分类及其方法

发球的方法基本分为三类：平击发球、侧旋发球和上旋发球。每一种发球都有自己的特点和用途，好的发球方法具有相当大的攻击性，可使发出的球在速度、力量、旋转和落点方面有变化。

1. 平击发球

平击发球在诸类发球方法中是球速最快的发球法，也称为炮弹式发球，该类发球不但球速快，而且反弹低。如果选手身材高大就可以借助高点击球的空中优势直接进攻对方；如果选手身材矮小或是女性就不宜使用平击发球，这种发球虽然力量大，球速快，威胁大，但命中率比较低。

平击发球时的击球点应在身体的右眼前上方，要用几乎垂直于球的拍面中心平直对准球,击球的后中上部(图 2-47)。此时手腕的向前抖甩和前臂的旋内"鞭打"非常重要,身体充分向上向前伸展,以获得最高击球点,提高发球命中率。

图 2-48 所示是平击发球的连续动作。

图 2-47

图 2-48

2. 侧旋发球

侧旋发球是一种以右侧旋转(略带上旋)为主的发球法,就是由球的右上往左下切削击球。由于切削发球的飞行轨迹及弹跳方向所定,该发球不但球速快,威胁大,而且容易提高命中率。因此,这类发球方法往往被世界上多数运动员所采纳。这一发球方法在发球时把球抛到右侧斜上方,球拍快速从右侧中上方至左下方挥动,击球部位在于球的中部偏右侧,使球产生右侧旋转 。

图 2-49 所示是切削发球的连续动作。

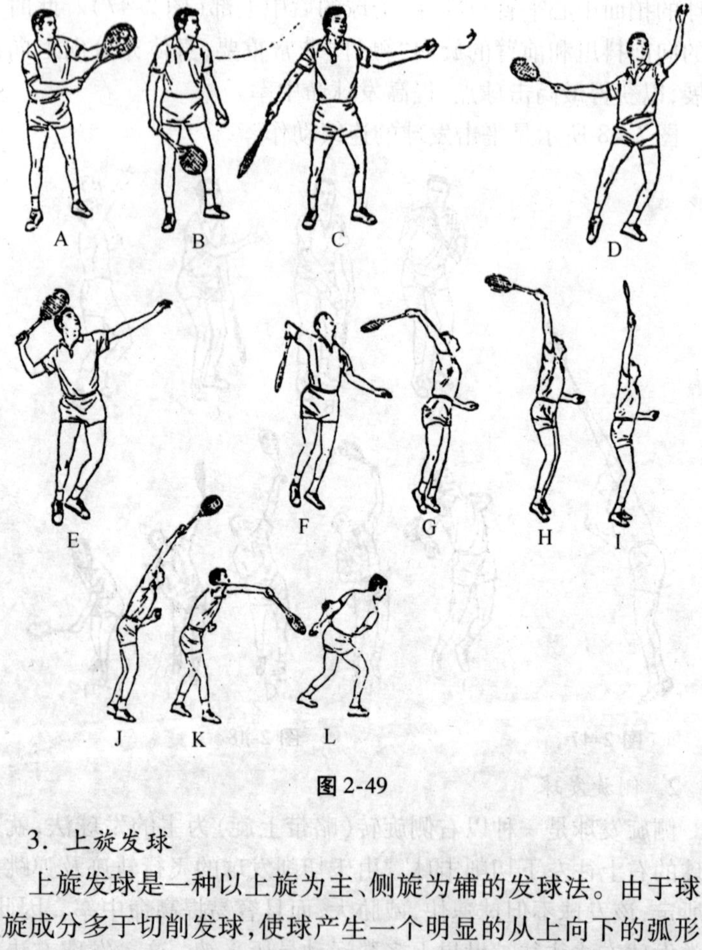

图 2-49

3. 上旋发球

上旋发球是一种以上旋为主、侧旋为辅的发球法。由于球的上旋成分多于切削发球,使球产生一个明显的从上向下的弧形飞行过网,发力越强,旋转成分越多,弧形就越大,命中率也就越高。上旋球落地后高弹跳到对方的左侧,迫使对方离位接球,给对方造成很大的压力,同时为发球上网带来足够的时间。

上旋发球时应把球抛到头后偏左的位置,击球时身体尽量后仰成弓形,利用杠杆力量对球加旋转,击球时球拍快速从左向右上方挥动，从下向上擦击球的背面，并向右带出，使球产生右侧上旋。这种发球一般都为运动员在第二发球和双打发球时所用。图2-50所示是上旋发球的连续动作。

图 2-50

除了以上三种发球方法外，还有一种急剧旋转的发球法，亦叫美式旋转发球，这种发球难度较大，需要身体腰部更多的弯曲和强力扭转发力动作，这种动作要求更多、更强的力量。由于难度大，且稍有不慎极易造成扭伤，现已很少使用。这里仅简要作一介绍，发美式上旋球时抛球位于头的后上方，挥拍沿球中下部向左上部擦击，随挥动作在身体的右侧结束，使球产生上旋。

二、接发球技术

（一）接发球的重要性及要求

网球比赛中首先是以发球和接发球开始的，如果接发球不好，不仅会给对方较多的进攻机会，更重要的是会引起自己心理上的紧张和畏惧，并造成失误，甚至导致失败。反之，如果接发球接得好，不仅有时可以直接得分，而且可以破坏对方抢攻，在战术和心理上成为有利的武器，为自己创造有利的条件。因此，接发球是网球技术中的一个重要环节，要引起我们足够的重视。

对接发球的要求：首先在思想上要具有先发制人的主动意识，接发球时一定要把球稳定地接回过网，大胆发动接发球进攻，即使没有机会进攻也要设法控制好落点，使对方不能进攻；其次要突出“快”和“变”。一个优秀网球运动员在接发球时，如能做到判断准确，有顶有打（以顶为主），有拉有削（以拉为主），就能对发球队员施加很大的心理压力，打掉发球者进攻的锐气，这样就有利于自己摆脱被动挨打的局面，并为抢先进攻创造机会。

（二）接发球的动作要领

1. 正确的握拍法

运动员采用什么样的握拍法应根据各人的习惯来决定，大陆式握拍法正、反手击球无须变换握拍；东方式或混合式握拍法正、反手击球需换拍。当球一离开发球员的球拍，就应该决定是否转变握拍，向后引拍时改换握拍要做到迅速及时，才能还击好接发球，特别是在快速场地上更需要争取一分一秒的时间。

图 2-51

2. 准备姿势及站位

接发球的准备姿势只要能以最快的速

度还击就行。对方发球前，膝盖可弯曲，两腿叉开，当对方球过来后迅速迎前回击（图2-51）。

接发球站位要根据对方发球水平和自己接发球的水平、习惯、场地的快慢和战术需要而定，大致应站在对方能发内外角的底线，外侧一脚应靠近单打边线处，接第一发球时站位稍后些，第二发球时站位略前些。

3. 击球动作

击球动作根据对方发球的好坏、速度的快慢而定，动作介于底线正、反手击球动作和截击球动作之间。面对发球差的选手，可用自己的底线正、反手动作来接对方的发球；面对发球好、速度快的选手，可用前截击球的动作来顶接对方发球，这样接出的球近乎平击，威胁也大。

接好发球的关键在于：快速的判断、反应和充分的准备，击球点应在身体前面。接发球时，一旦判明来球方向，运动员即向后转动双肩，并马上向前迎击来球。接大力平击发球时，靠近身体的来球大多向左侧身反手顶击球，用正手侧身抢需要有更快、更早的动作。迎上去顶击球，要握紧拍子，保持固定，使拍面正对着来球，身体的向前动作加上接发球者的速度将提供所有接球所需要的力量。

（三）接发球的种类

接发球分正手、反手两种接球法，可打出上旋、下旋、平击等球。根据战术的需要，除了用不同的回击力量和落点变化外，还可直接放轻球（小球）或挑高球，也可以接发球上网和接发球破网。

（四）接发球的注意事项

（1）接发球者准备接发球时身体要放松，只需在击球时使劲，否则身体紧张会影响腿部的移动。

（2）接发球者向前迎接球时，要主动进攻，不要被动应付，要提起脚后跟，使重心向前，不能脚跟着地。

（3）接发球者思想要高度集中，当对方将球上举抛球时，眼睛应一刻不停地注视着球。

第五节　各类击球技术

一、截击球技术

在球还没有着地并在空中飞起时(除打高压球外),凌空打掉它,称为截击,亦称拦网。截击球在现代网球比赛中是一项重要的得分手段。掌握好网前截击技术,对单打时的发球上网、随球上网和双打中的上网,都有很大的帮助和制胜的作用,同时也能使自己的技术水平提高到一个新的高度。

截击球技术包括:中场截击、近网截击和近身截击(中路球截击),还有低球截击和高球截击。由于网前截击球距离短、球速快,在实际比赛中,正、反拍截击球要转换握拍是既困难又不切实际的,因此正、反手截击球的握拍法均为东方式反手握拍法或大陆式握拍法。而多数运动员喜欢采取大陆式握拍法,因为大陆式握拍法在截击时无须变换手法。

(一) 中场截击

1. 特点和作用

中场截击在网球训练及比赛中,通称为一拦,即第一次拦击。在实战中,发球上网或随球上网不可能直接冲至近网,上网途中在发球线附近有一短促的停顿和重心转换,然后迎球做中场截击。中场截击球的落点、质量的好坏,直接影响到网前的得分,所以中场截击球在网前截击球技术中起着很重要的作用,中场截击者一般站位于发球线中点附近。

2. 正手中场截击动作要领

图 2-52 所示为正手中场截击的连续动作。

图 2-52

（1）运动员面对球网，两脚分开与肩同宽，膝关节微屈，重心在两脚前脚掌上，在对方击球前脚跟提起，转胯转肩（右手握拍者），左脚向侧前方作45°跨步，以转肩来带动球拍后摆，后摆动作不超过肩，肘关节微屈，手腕形成45°拍面略开（图 2-53）。

图 2-53

（2）击球者在截击时手腕紧固，击球点在左脚尖的沿长线上，以短促而有力的动作向前迎击来球，触球部位为于球的中下部。

（3）由于中场截击距离较长，因此击球者在击球后的跟进动作，随着球的进行路线要稍长些，但不能太长，否则会影响下一段击球的准备动作。然后向网前逼进，准备近网截击或高压（图2-54）。

图2-54

3. 反手中场截击动作要领

图2-55所示为反手中场截击连续动作。

图2-55

（1）准备动作与正手相同，运动员在判断来球后，向左侧转肩转胯，同时左手握拍颈向后引拍，拍面略开至身体前面，后引动作不超过左肩（图2-56）。

（2）击球者在击球时右脚向侧前方45°角跨出，重心前移在后脚上，同时向前向下截击来球，击球点位于右脚尖前面，手腕固定，肘关节微屈，利用前臂与手腕向前下方击球（图2-57）。

（3）击球者在击球后的跟进动作与中场正拦一样，稍长一些，但要简短。随时准备截击下一板球（图 2-58）。

图 2-56　　　　图 2-57　　　　图 2-58

不论正手还是反手截击中场球，运动员手持的拍面应随着对方来球的高度随时进行变化，截击中场高球，拍面应垂直向前向下击球；截击中场低球拍面应打开，击球的中下部向前搓顶球。

（二）近网截击

1. 特点和作用

近网截击的站位比中场截击靠前，位于中线发球线前 1～1.5 米，它是在中场截击的基础上在网前得分的主要手段，好的近网截击，其判断落点的准确和击球的果断，能给对方以致命的一击。为了使自己的技术水平更全面并具有威力，运动员必须掌握好近网截击球技术。

2. 正手近网截击动作要领

（1）运动员要判断清楚对方来球的质量，包括球速、球离网高度及球的角度，以便于迅速起动，调整位置，控制拍面。如果来球快而平，球拍面应稍开，击球中下部，手腕紧固，以短促的动作向前向下顶撞来球；如果来球快而高，并略带上旋，拍面应竖起垂直，击球中部，以短促的动作向下向前顶撞球，手腕紧固（图 2-59）。

（2）击球者身体重心向前，后摆动作小，转体带动后摆，同时完成后摆动作，击球点在身体侧前方。

图 2-59

（3）击球者在击球时左脚应向侧前方跨出，同时重心落在左脚上（右手持拍者），肘关节与身体距离不应太远（除扑击球外），以便顶住重球。

（4）击球动作短促简单，随击动作小，并迅速准备下一板截击球。

3. 反手近网截击动作要领

（1）前期准备动作与近网正手截击动作相同，要求运动员重心向前，后摆动作小，根据来球高低，调整后摆拉拍的高低及击球的部位（如图 2-60 所示）。

图 2-60

（2）以运动员的肩及肘关节为轴，由上向下或由后向前顶撞击球，手腕紧固，以前臂发力控制落点。

（3）击球者在击球时右脚跨出，重心在后脚上，随击动作短小有力。

(三) 近身截击(中路球截击)

1. 特点和作用

近身截击比正、反手截击难度要大,这主要存在一个反应快慢及脚步移动的问题。对方在朝两侧破网不成功时,往往会朝中路打来,如果击球者准备不充分就会措手不及。近身截击掌握不好,就会失去网前的主动权,因此需要运动员掌握好近身截击技术。

2. 动作要领

(1) 准备动作与正、反手截击动作一致。运动员两膝微屈,面对网球,重心在前脚掌上,拍子放在身前注视对手。

(2) 当球朝着正手中路来时,击球者左脚向左侧迅速横移一步,重心落在左脚上,右脚跟进,同时转体侧身,球拍始终保持在身体前面。另一种方法是当球朝中路来时,右脚迅速向左后侧退一步,重心落在右脚上。如果中路球朝反手来时,动作准备要点与正手中路球相同,步法则相反。

(3) 击球者在击球时手腕要固定并紧握拍子,根据来球高低向前或向下撞击球。

(4) 击球者在击球后的随击动作小,并迅速回到原来位置,准备截击下一板球。

3. 注意事项

(1) 在对方击球前或击球的一瞬间,运动员的重心就要开始前移,做到人到球到。

(2) 运动员在击球时双肘关节应放在前面,眼睛始终盯着球,以身体的力量和短小的撞击动作来截击球。

(3) 随着对方来球的高低,击球者要随时调整击球时的拍面角度,始终保持击球点在身体侧前方。

(4) 在中场截击后击球者应立即向网前移动,占据网前有利位置。

（5）截击低球，最好使球的落点深，以增加对方回球的难度；截击高球，要采取进攻的打法，以求截击直接得分。

二、高压球和挑高球技术

（一）高压球

高压球又叫杀球，是在头上进行大力扣杀的击球技术。当球员上网进行截击时，对方常会以挑高球来摆脱被动，使击球者无法近网截击。这时，如果娴熟地掌握了高压球技术，便可有效地克制对方挑高球，这是最直接的得分手段。

1. 特点与作用

高压球是对付对方挑高球的一项进攻技术，良好的高压球技术，能为上网截击增加信心和增强威力，根据对方挑高球落点的深浅，采取猛力的扣杀和落点准的打法，能使高压球更具威胁。

2. 动作要领

（1）高压球的动作与发球动作相似，握拍与发球握拍相同，当对方挑高球时，运动员应立即侧身转体并用短促的垫步向后退，同时侧身，持拍手上举，在头部位向后引拍，重心在两脚前脚掌上，后腿弯曲，随时准备跳跃扣杀(图2-61)。

图2-61

（2）运动员在准备击球时，非持拍的手上举指向来球的方向和高度，击球法与发球时击球一样，击球点在右眼前上方。如果跳起高压，用后脚起跳，转体，挺胸，收腹，击完球后用左脚着地，同时右脚向前跨，准备再上网截击（图 2-62）。

（3）当球落至头部前上方时，迅速挥拍击球的后上部。击球时手腕要作有力的扣击动作使拍头加速。对离网近的球，击球点稍前，击球部位高些；对较深的高球，除了采用跳起打高压球外，还要尽可能及时后退，保持双脚着地的姿势，这样打高压球把握更大。

图 2-62

（4）击球手在击球后跟进动作尽量像发球那样完整，起跳打高压球时身体要保持平衡（图 2-63）。

图 2-63

3. 注意事项

（1）运动员在准备打高压时要尽早进入击球的位置。

（2）在整个击球过程中，要眼不离球。

（3）在打高压球时应果断，不能犹豫。

4. 高压球的种类

高压球分为近网高压、后场高压、落地高压和反手高压几种。

(1) 近网高压。当对方挑高球落点位于发球线之间时,击球手就可迎上去在网前大力扣杀直接置对方于死地,此时的击球点可偏前,以便击球时向下扣杀。

(2) 后场高压。当对方挑高球落点位于发球线以后,此时击球手要胆大果断,就像打正常的高压球一样,击球点可稍后些,步法及时移动到位,迅速跳起给予猛击,击球后的跟进动作要长些,向前向下扣压。

(3) 落地高压。当对方挑出直上直下的高球时,击球手可等球落地弹起后再打,这样可增加打高压球的把握和信心。一般这种高球落地后跳弧线是直线向上的,只要脚步移动迅速,退至球的后面,调整好击球点的位置,然后向前还击球,像发球一样向前向下击球,落点对准发球线与底线之间,这样就能提高击球的成功率。

(4) 反手高压。由于反手高压时运动员不容易发力,且易失误,故在比赛中较少运用,一般都及时侧身后退,打头顶高压,当对方挑高球至左侧场边线,需被迫使用反手高压球时,应及时向左侧身,提肩抬肘,拍子低于手腕与肘关节,击球点在左上侧,击球时前臂和手腕迅速向上挥起,手腕紧固,集中精神和力量打落点,提高准确率。

图 2-64 所示为反手高压球连续动作。

图 2-64

（二）挑高球

挑高球不仅是被迫使用的一项防御战术，而且它对任何水平较高的对手都是一种可怕的武器，它可以破坏对方的进攻节奏，改变对方回击球的速度，高球挑得隐蔽，就能减弱对方在网前的优势，使自己从被动转为主动，因此一定要重视挑高球的练习。

挑高球技术可分为进攻性挑高球和防守性挑高球两种。

1. 进攻性挑高球

（1）特点和作用：

进攻性挑高球又叫上旋高球。运动员在对付威力强大的网前截击型对手时，使用强烈的上旋高球，可谓采用了"致命的武器"。进攻性高球能打乱对手的网前战术，这种球能劲疾飞过网前对手，迅速落在后场，使对方既够不到又追不着，即使勉强打到高压球，也是软弱无力，从而漏出空当，给自己破网得分创造机会。

（2）动作要领：

① 运动员在挑高球时动作要尽可能和底线正、反手上旋抽击球动作一样；完成拉拍动作时，要使手腕保持后屈。

② 在挥拍击球时，拍面垂直，拍头低于手腕的位置，采用手腕与前臂的滚翻动作，由后下方向前上方挥拍，做弧线形鞭击球动作，使球拍在击球瞬间进行擦击，以产生强力上旋，击球点在身体侧前方，重心落在后脚（如图 2-65 所示）。

图 2-65

③ 击球后,球拍必须朝着自己设想的出球方向充分跟进,随挥动作要放松,并在身体左侧结束。

进攻性挑高球的高度比防守性高球低一些,但带着强烈的旋转,越过上网截击者的拍头,球呈弧形迅速落到后场并快速向前弹开,使上网者很难追击。

图 2-66 所示为进攻性挑高球连续动作。

图 2-66

2. 防守性挑高球

(1) 特点与作用:防守性挑高球亦称挑下旋高球,它的飞行弧线高,比挑上旋高球易控制,具有失误少的优点,在底线对打,当被对方打离场地时挑下旋高球,能赢得时间回到有利的位置,如果能掌握挑下旋高球,同样能不给对方有网前扣杀的机会。

(2) 动作要领:

① 挑下旋高球与挑上旋高球一样,同样需要运动员动作隐蔽,因此他(她)的握拍,侧身转肩,向后引拍应尽量与底线正、反手击下旋球动作一致。

图 2-67、2-68 所示分别为正手防守性挑高球与反手防守性挑高球的连续动作。

图 2-67

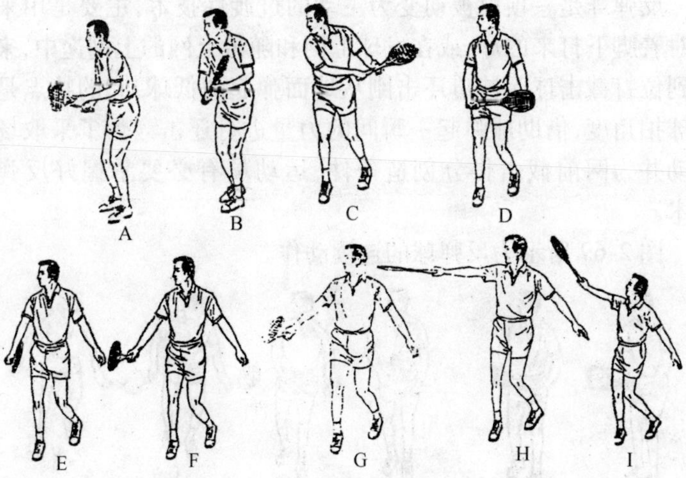

图 2-68

② 运动员击球时手握拍面朝上,触球点在球的中下部,由后下方向前上方平缓挥拍击球,似"舀送"动作的击球法。为了更好地控制球的高度和深度,击球手要尽量使球在球拍上停留时间长一些,动作要柔和。

③ 随挥动作与底线正、反手击下旋球一样,击球手跟进动作要充分,结束动作比上旋高球结束动作要高,此时面对球网,重心稍后。

3. 注意事项

(1) 运动员眼睛要看球,动作要放松。

(2) 由低向高挥拍。

(3) 进攻与防守要结合使用。

三、反弹球和放小球技术

(一) 反弹球

1. 特点和技术

反弹球是一项由被动变为主动的过渡性技术,主要是用来回击对着脚下打来的球,或在发球上网和随击上网的上网途中,来不及到位打截击球而被迫还击刚从地面弹起的低球,它的特点是固定球拍角度,借助球弹起一瞬间的力量进行还击。为了采取场上主动并为网前截击得分创造条件,运动员有必要掌握好反弹球技术。

图 2-69 所示为反弹球的连续动作。

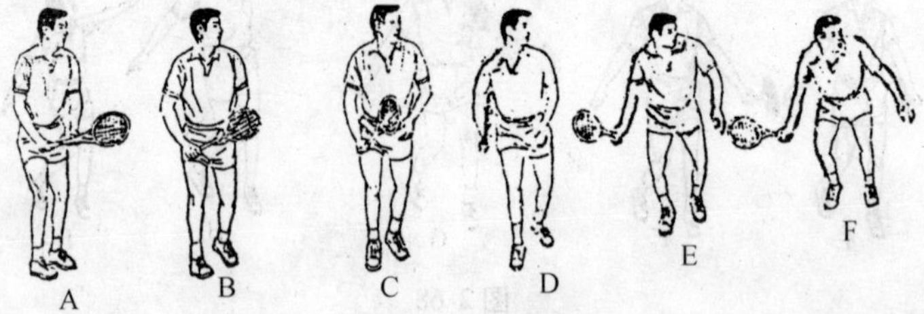

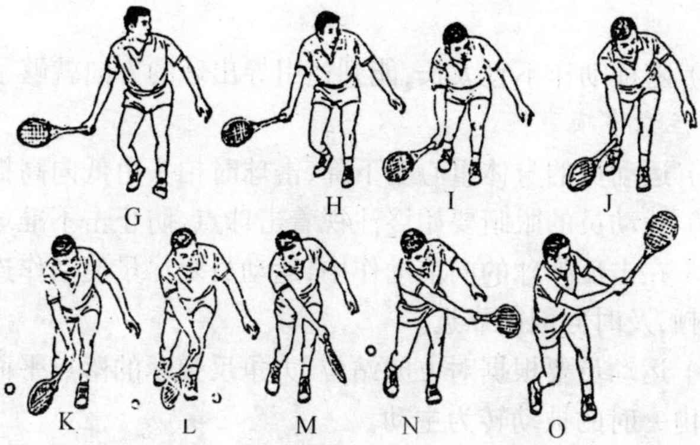

图 2-69

2. 动作要领

（1）正、反手反弹球握拍与网前截击握拍相同，采用东方式反手握拍法或大陆式握拍法。

（2）当判断来球需要打反弹球时，迅速下蹲，降下重心，如正手反弹球，应转体右脚向前作跨步，右脚弯曲，反手反弹球则相反，此时身体前倾，同时必须保持身体平衡，后摆动作视球过来的球速及准备时间的快慢而定，一般是转体时已完成了后摆动作（如图 2-70 所示）。

图 2-70

（3）在击球时运动员的眼睛必须看球，手腕与前臂紧固，拍面略开，随身体重心前移，拍子由下向上做反弹击球，同时使球略带上旋。

(4) 随挥动作不宜太长，能到达引导出球的方向就够了。

3. 注意事项

(1) 运动员的身体重心要下降，击球时拍头由低向高提起。

(2) 运动员的眼睛要始终注视着击球点，防止击不准球。

(3) 在击反弹球的向前动作中，运动员要尽量使动作连贯，不要有停顿，及时向网前靠近。

(4) 运动员要根据对方的站位，力争反弹球的落点平而深，这样才能由一时的被动转为主动。

(二) 放小球(轻球)

放小球即放轻球，和挑高球一样，是为了战略的需要，掌握放轻球这样细腻的球感，需要丰富的经验。但如果花时间去练习它，还是可以使自己的网球技术多样化。

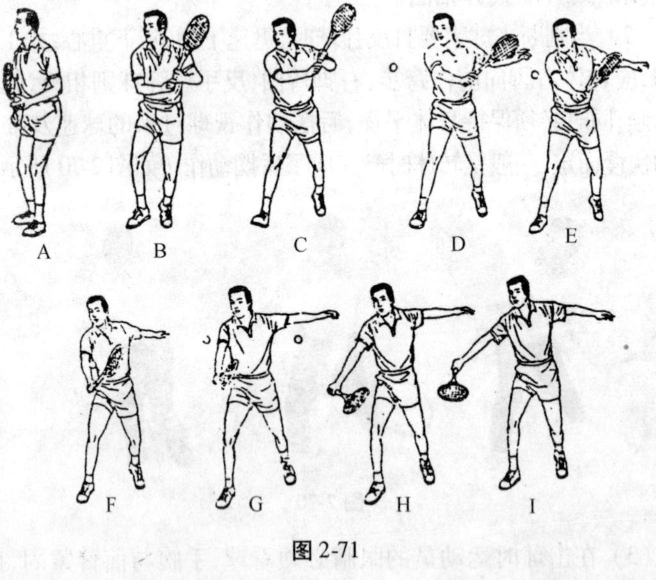

图 2-71

当对方在底线以外的地方时，出其不意地施放小球，将球轻轻击到对方网前,对方由于没有准备或跑动稍慢而失分。但是,放小球要有较好的球感和控球能力,否则放小球的落点掌握不当,反而会给对方提供上网的机会,甚至会直接放小球下网失分。所以放小球的技术不能滥用。

图 2-71 是放小球的连续动作。

1. 特点和作用

放小球的目的之一是当对手前后移动慢、网前技术差时,把对手从后场引至前场,创造进攻得分的机会;另一个目的是当对手站在后场或大角度跑出场外时,突然放轻球,使对手来不及到位而得分,如果放球技术掌握得好,可使自己打法多变,令对手捉摸不定。

2. 动作要领

(1) 运动员在准备放轻球时,击球前的准备动作与底线正、反手击球动作基本相同,球拍后引,侧身对网,拍头高于设想的击球点。

(2) 还击来球准备击球时拍面稍开,击球者的动作要柔和,触球点在球的下部,使之产生下旋,并以适当的前推或上托动作把球击出,使球以适当的弧线落在对方球场近网处。

(3) 击球后运动员的身体重心向击球方向跟进,用自然、协调的动作来完成随球动作。

3. 注意事项

(1) 运动员的眼睛始终保持看球,动作要柔和。

(2) 放轻球动作要隐蔽。

(3) 直线轻球比斜线轻球更具威胁性。

第六节　网球技术的其他训练方法

一、提高打点准确性的击球训练方法

(一) 基本的击球方法

1. 斜线球

无论单打还是双打,斜线击球都是最基本的、最常用的击球方法,因此斜线球是必须掌握的击球技术。

(1) 站位姿势:站位姿势为半开放或开放式,这样有利于转体。

打斜线球的准备姿势使用半开放式或开放式最为理想,因为这种姿势有利于转体,保证向斜线方向顺畅挥拍。

(2) 击球点:击球点在迈进脚的前面。

因为要打出角度,所以击球点一定要在前面,同时还必须有意识地击球的偏右下部。

(3) 随挥动作:大幅度地挥拍,可以确保打出深球。

击球之后,一定要朝击球的斜线方向做大幅度的随挥动作。由于斜线飞行距离比较长,长的随挥动作才可能使球落到深处。

2. 直线球

掌握了打直线的技术,从一定程度上来说,击球的水平就从初级阶段升了一级。直线球比斜线球距离短,而且球过网时网高相对稍高,所以比斜线球难打。

(1) 站位姿势:站位姿势为关闭式,以防止身体过分回转。

打直线与打斜线球不同,必须防止身体过分回转,所以采用左脚向前跨步的关闭式为最好。当然,用半开放式也行,但是初学者容易打出斜线球,所以初学打直线球时关闭式为首选。

(2) 击球点与随挥：击球点稍靠后，直线挥拍。

击球点比打斜线球稍靠后一点，在球正后方击球，随挥动作朝击球的直线方向一直挥出。注意，击球点太靠后也不行，容易打出边线。

3. 反斜线球

击球者若想果断发动进攻时，打反斜线将十分有效，甚至可以说，成功打出反斜线球就可以得到一分。只要脚步移动到位，打反斜线球就变得很容易。快速侧身移动到球的后方转身，朝着反斜线击球的方向做挥拍动作。

4. 对打练习

(1) 定点定线。

规定双方互相打正手斜线球或反手斜线球，或者一方打正手直线球，另一方打反手直线球。反复练习，使底线抽击的四条基本线路的打法得以巩固(图 2-72)。

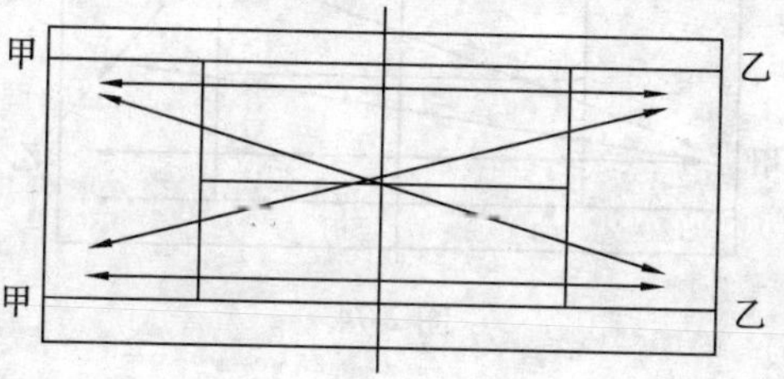

图 2-72

(2) 一点打两点，两点打一点。

甲以正手或反手打到乙底线左右两角，乙在移动中将球回击到甲方同一点(图 2-73)。

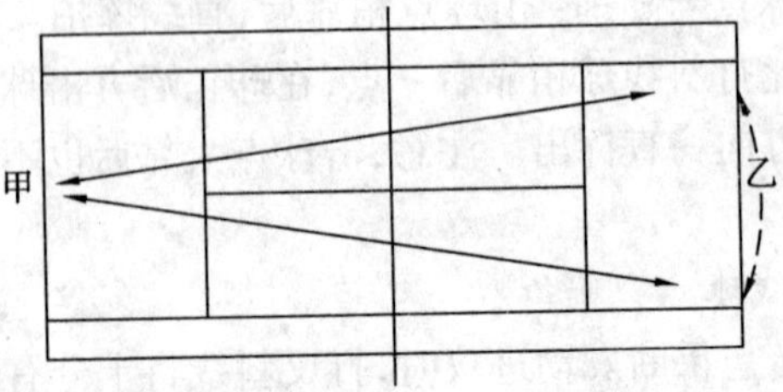

图 2-73

(3) 一点打三点,三点打一点。

甲以正手打到乙底线的反手、中路和正手右区发球线附近,乙在移动中将球回击到甲方正手的同一点位置(图 2-74)。甲也可在左区以反手的一点打三点,乙同样在移动中将球回击到甲方反手的同一点位置(图 2-75)。

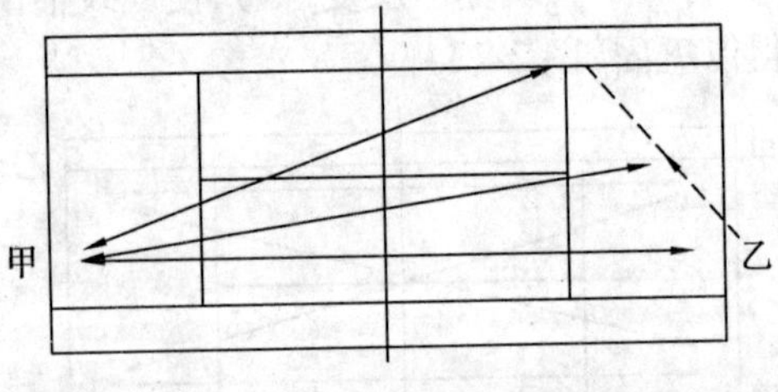

图 2-74

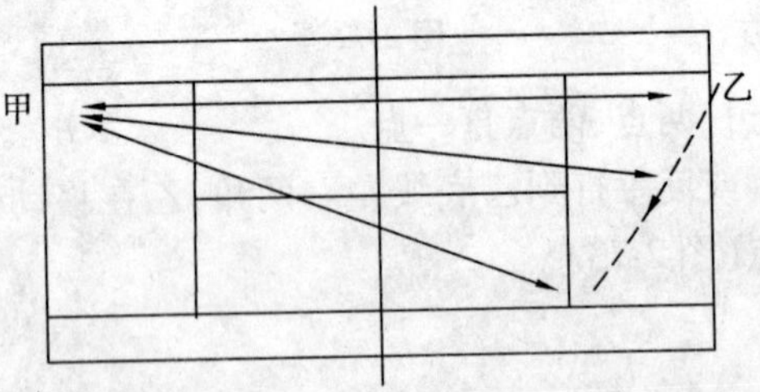

图 2-75

(4) 逢直打斜,逢斜打直。

甲乙双方都在跑动中按照规定路线击球。甲以正手击斜线球,乙回击以正手直线球;甲再回反手斜线球,乙则用反手直线回击。这样甲始终练习斜线球,乙则练习直线球,10 ~ 20 分钟后再交换练习线路(图 2-76)。

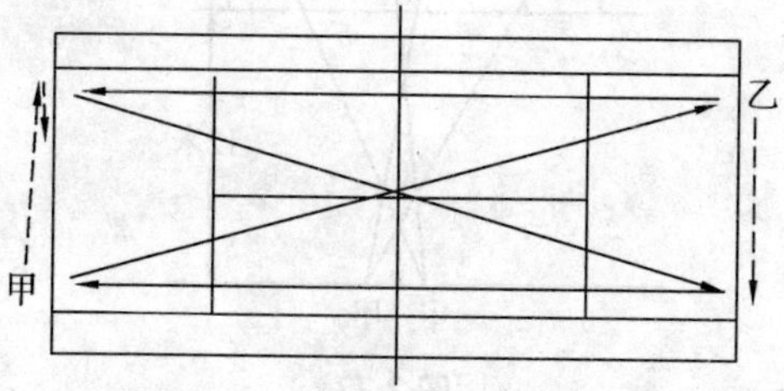

图 2-76

二、几种击球技术的训练方法

(一) 发球和接发球练习方法

1. 抛球练习

(1) 初学发球,要先练抛球,让球自然落在离左脚前面约 30 厘米处。抛球高度为自己踮起脚尖、握拍手臂向上充分伸展时的球拍顶部位置。

(2) 当掌握了抛球的高度和位置后,可配合挥拍动作,但仍不去击球,只是为了使抛球和挥拍动作的节奏相协调,要求配合挥拍动作后,球自然落地的位置还在左脚前面约 30 厘米处。

2. 对着镜子做发球的挥拍击球动作

按照发球技术的动作要求检查自己动作的各个环节是否正确,尤其是"搔背"动作和击球时的"扣腕"动作。

3. 对墙发球

练习者离墙约 12 米,将球发向墙区域(图 2-77)。高度在 1 ~ 1. 3 米之间。练习切削发球和平击发球时,着墙点不宜过高,上旋发球的着墙点稍高些。

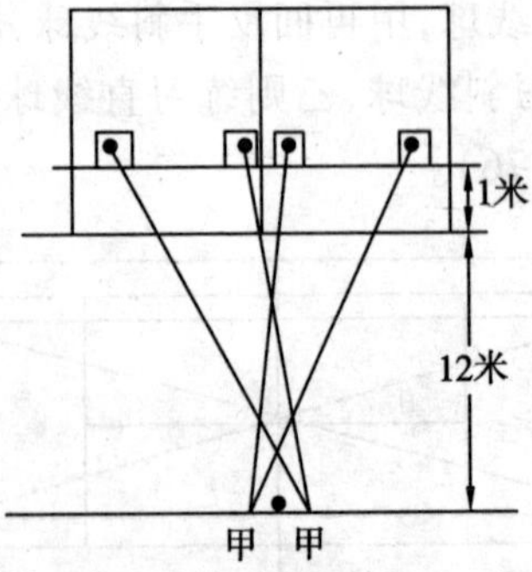

图 2-77

4. 一人在场上单独练习发球

一人在球场上练习发球时,可以着重练习发内角球和外角球。其优先练习发球落点的顺序如图 2-78 所示。

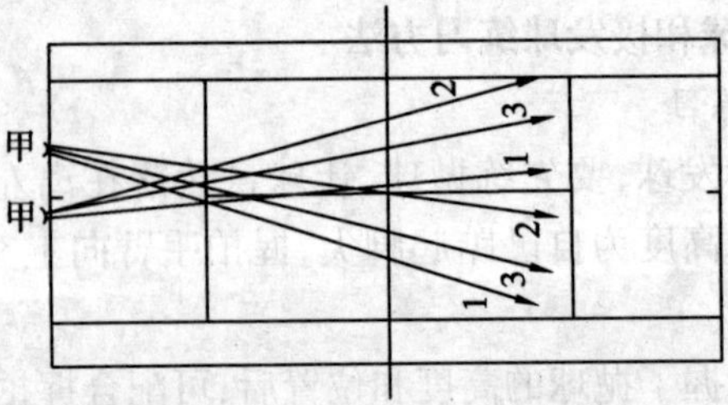

图 2-78

5. 发球——接发球练习

(1) 甲站在右区发球线上发球:在发向对方外角时,乙用正手接发球,回击直线球或斜线球;甲发向内角时,乙用反手向对方底线两角回击球。然后发球者后退至底线前 2 米发球,接发球同前。最后发球者退至底线发球(图 2-79)。

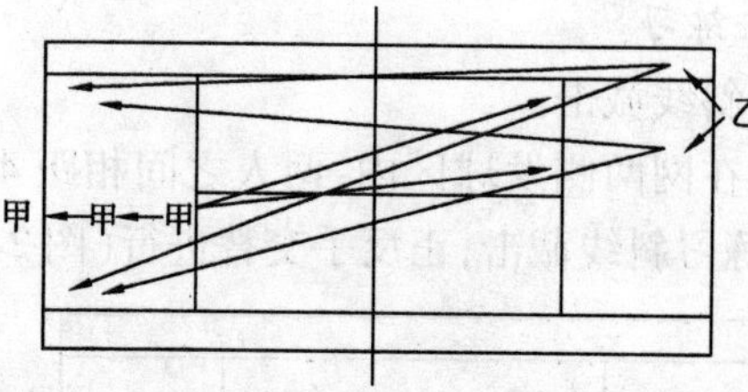

图 2-79

(2) 甲站在左区发球线上发球：在发向对方内角时，乙用正手接发球，回击至对方底线两角；甲发向外角时，乙用反手接球，回击以直线球或斜线球。同前，发球者逐渐后退至底线，按比赛要求发球（图 2-80）。

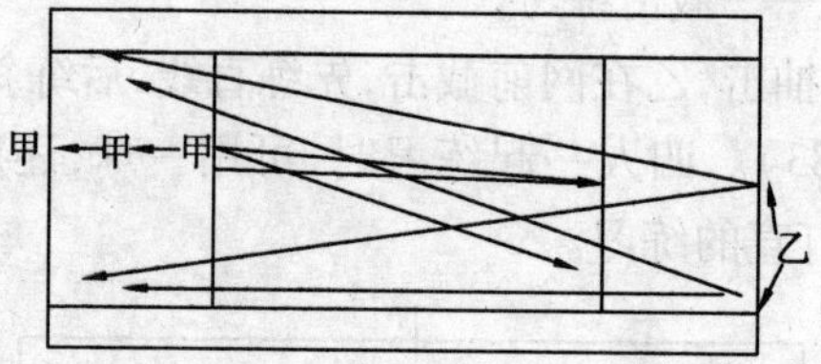

图 2-80

（二）截击练习方法

1．对着镜子练习截击挥拍动作

要领同前。

2．对墙练习

练习者距墙 3～5 米，连续对墙作截击练习。先练正手截击，熟练后再练反手截击，然后再正、反手交替练习（图 2-81）。

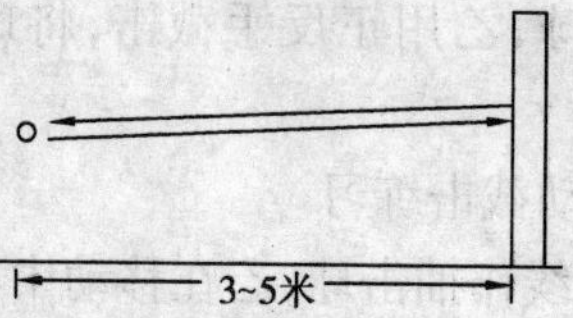

图 2-81

3. 网前截击练习

(1) 直线和斜线截击。

甲乙双方站在网两侧发球区内,两人之间相距 4 ~ 8 米,先练习直线截击,再练习斜线截击,正反手交替进行(图 2-82)。

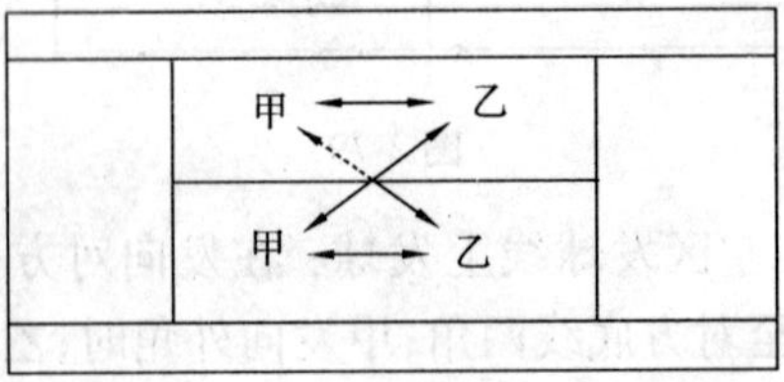

图 2-82

(2) 抽击——截击练习。

甲在底线抽击,乙在网前截击,先练直线,后练斜线,正反手交替进行(图 2-83)。四人一起练习时,可用一球,还能穿插进行逢直打斜、逢斜打直的练习。

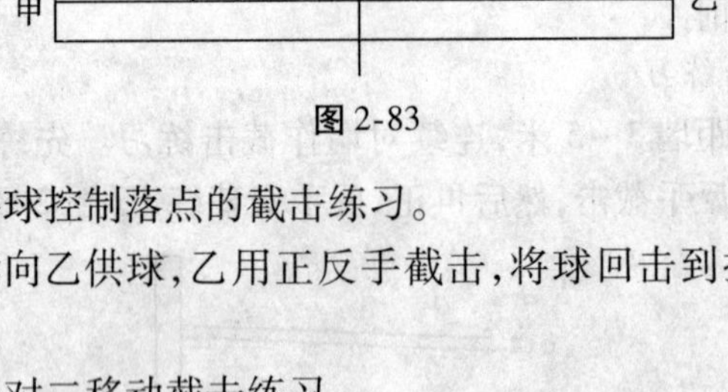

图 2-83

(3) 多球控制落点的截击练习。

甲连续向乙供球,乙用正反手截击,将球回击到指定区域内(图 2-84)。

(4) 一对二移动截击练习。

$甲_1$ 和 $甲_2$ 在底线作抽击球,乙在移动中将球截击至后场任何位置。甲方须控制抽击力度不宜过猛(图 2-85)。

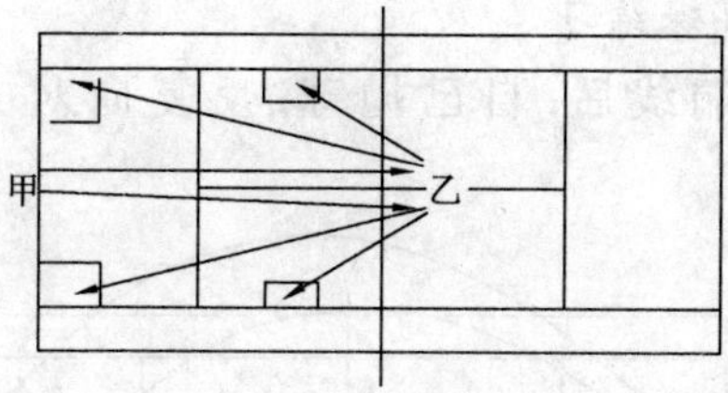

图 2-84

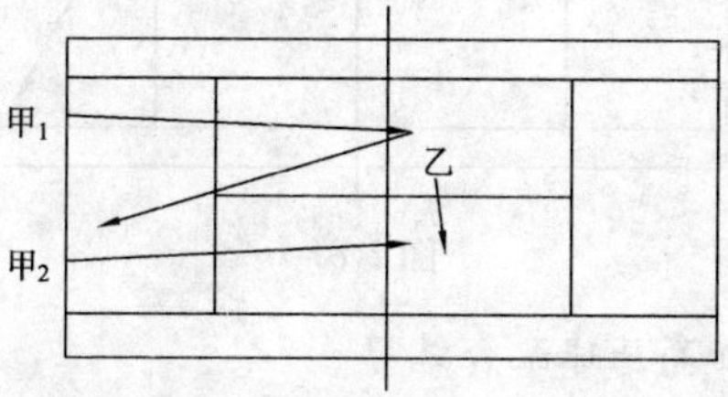

图 2-85

(三) 高压球和挑高球练习方法

1. 对着镜子练习高压球挥拍动作

要领同前。

2. 对墙练习高压球

练习者离墙 7 ~8 米,将球扣杀到离墙 1.5 米左右的地面,球触地从墙上反弹下落时,再进行高压扣杀,反复练习,体会高压球的技术要点(图 2-86)。

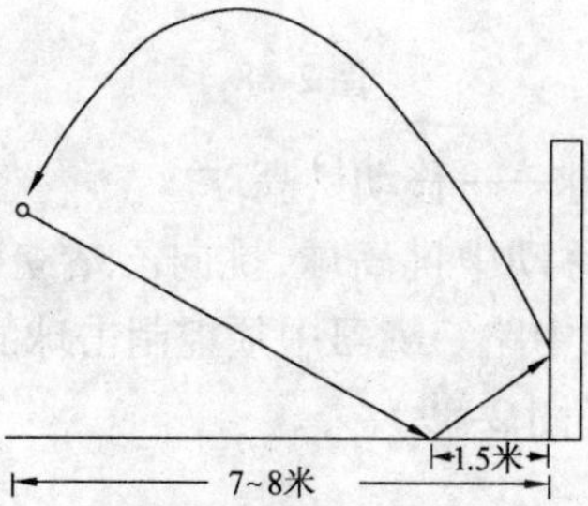

图 2-86

3. 自抛挑高球练习

练习者在端线后，自己抛球，反复向对方端线处挑高球（图2-87）。

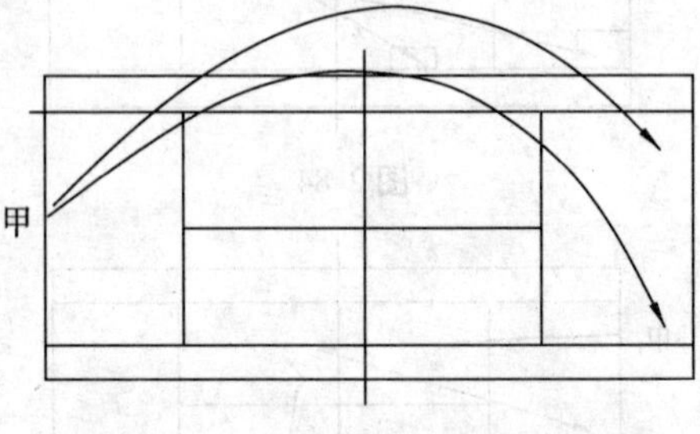

图2-87

4. 挑高球和高压球配合练习

（1）定点练习。

甲在底线挑高球至对方发球线附近，乙高压击球，方向对准甲站立处，击球力量须控制，以便有较多的来回球练习（图2-88）。

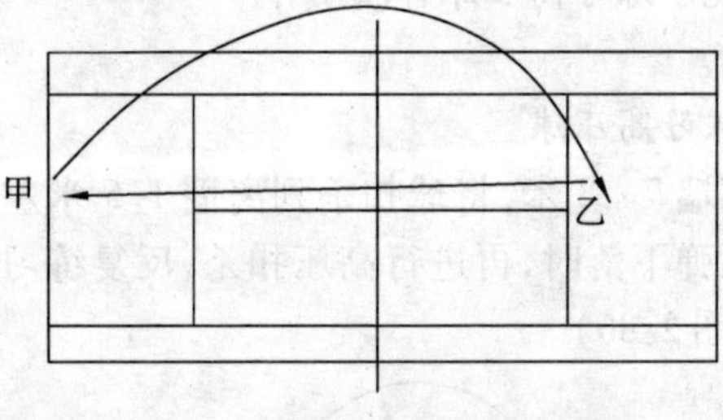

图2-88

（2）定点高压球——移动挑高球。

甲在底线后面移动中挑高球，挑向乙站立处。乙打高压球击向对方左路、右路和中路。练习中须控制击球的力量，以巩固正确的技术动作为目的（图2-89）。

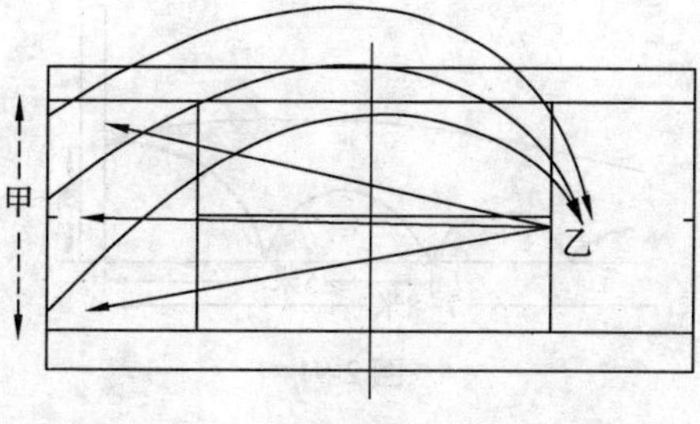

图 2-89

(3) 向后移动高压球——定点挑高球。

甲在底线后面挑高球，乙从网前逐渐向后移动至中场、后场打高压球，击向甲站立处(图 2-90)。

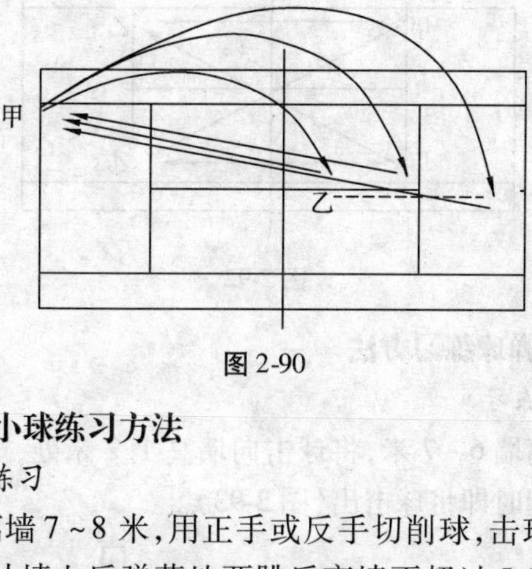

图 2-90

(四) 放小球练习方法

1. 对墙练习

练习者离墙 7～8 米，用正手或反手切削球，击球至墙高 1.2 米处，要使球从墙上反弹落地两跳后离墙不超过 5 米(图 2-91)。然后可将经多次着地反弹至自己身旁的低球以轴击动作打向挡墙，待其反弹后再作放小球练习。

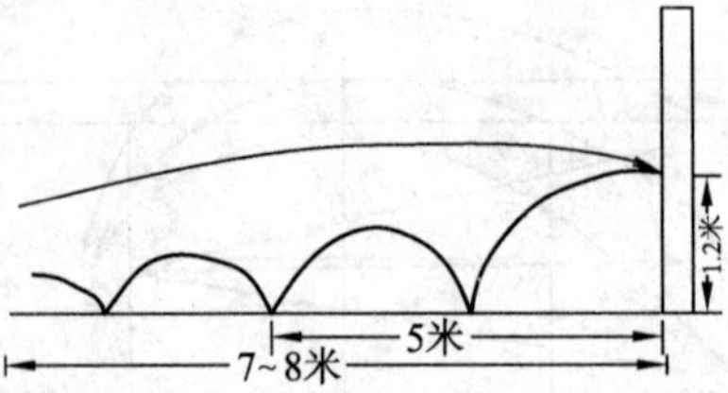

图 2-91

2. 场上近网练习

甲乙两人分别站在发球线上,以正反手练习对角斜线或直线的放小球。亦可放一小球后,作一次截击球,交替进行练习(图 2-92)。

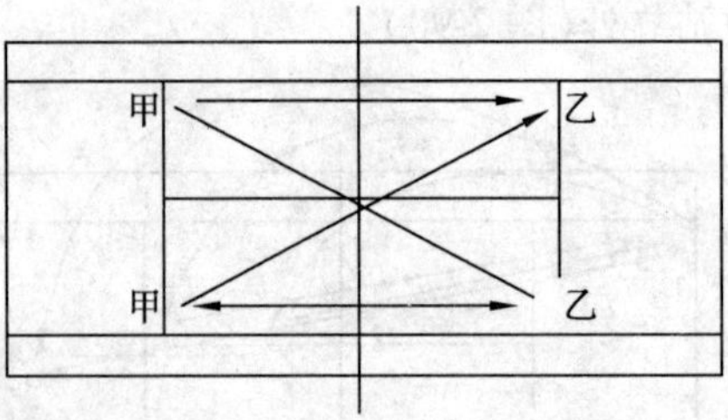

图 2-92

(五) 反弹球练习方法

1. 对墙练习

练习者离墙 6 ~7 米,将球击向墙高 1.2 米处,当球从墙上反弹落地刚跳起时即将球击出(图 2-93)。

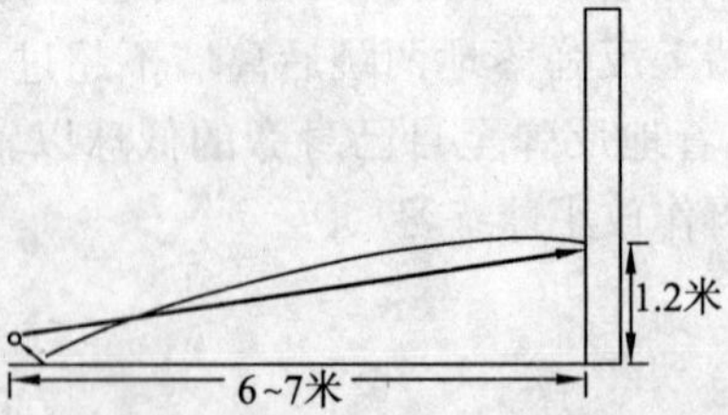

图 2-93

2. 场内练习

(1) 多球练习。

甲站在网前供球,击向对方发球线后2米处,乙用正、反手以反弹球将球击回。

(2) 截击——反弹球练习。

当双方均有一定的控球能力后,甲可以截击球打到乙站位附近,乙以反弹球回击。

三、身体素质的训练

身体素质一般是指力量、速度、耐力、灵敏度和柔韧性等方面的运动能力。经常打网球本身就是提高身体素质的极佳途径。但是,每个人的身体素质不同,在进行网球运动时,有的人往往因自身某方面身体素质的限制,不能较好地掌握网球技术,或者不能发挥出应有的水平。比如,力量素质较差的人,就很难打出有威胁力的平击球和上旋球。因此,进行一些专门性的身体素质练习,就能收到事半功倍的效果。下面介绍几种简单的锻炼身体素质的方法。

(一) 力量素质练习

打网球特别需要增强手臂和肩部的力量,也需要腰部和腿部力量的配合。

1. 不负重练习项目

(1) 俯卧撑。

(2) 仰卧起坐。

(3) 仰卧两头起。两臂上举全身伸直仰卧,收缩腹肌,身体折叠,双脚伸直向上抬起,双手触脚背。

(4) 立卧撑。直立——下蹲——成俯撑——收腿成蹲撑——直立。

(5) 俯卧两头起。两臂上举，全身伸直俯卧，背肌收缩，手臂和腿脚两头上翘。

(6) 原地抱膝跳。跳起双腿上提至胸抱膝。

(7) 立定跳远。

(8) 引体向上。

(9) 双臂屈伸(双杠)。

2. 负重练习

网球运动进行负重练习应当选择轻重量的，一般以自己能够承受重量的三分之一为限。

(1) 杠铃练习。如：① 快速挺举；② 仰卧推举；③ 站立弯举；④ 颈后负杠铃转体；⑤ 颈后负杠铃前后分腿跳；⑥ 颈后负杠铃提踵。

(2) 哑铃练习。如：① 前平举；② 侧平举；③ 直臂交替前上举；④ 两臂侧绕环。

(3) 实心球练习。用实心球作各种前抛、后抛、单手抛、双手抛的练习。

(4) 手持器械作挥拍模仿练习。手握铁棒、木棍、小哑铃、小杠铃片或者网球拍，按正确的动作要求，作模仿性的击球动作练习。

(二) 速度素质练习

打网球主要需要快速起动和急停等短距离的移动速度。练习项目有：

(1) 原地快速高抬腿跑。

(2) 原地高抬腿跑转入 20 米加速跑。

(3) 原地急频跑。练习者屈膝半蹲，重心在前脚掌上，两脚依次在原地离地不超过 10 厘米，尽可能快地作高频率的跑步状。

(4) 原地急频跑转入 20 米加速跑。

(5) 左右移动摸边线跑。

练习者跑向场地一侧，手摸边线后，再跑向另一侧，手摸边线。反复几次。

（6）直线和斜线的前后往返跑。

练习者从右侧底线向前跑至网前，急停转身；向斜后方跑至左侧底线，急停转身；向前跑至网前，再急停转身；向斜后方跑到右侧底线。

（7）跳绳练习。

（三）耐力素质练习

1. 定距离耐力跑

1500 米至 3000 米跑，一般心率控制在 140 ~ 150 次/分左右，不要低于 120 次/分，也不要高于 170 次/分，这对普通人是比较合适的。

2. 越野跑

在野外进行较长时间（15 ~ 20 分钟）或较长距离（3000 米以上）的耐力跑。中间可穿插任意距离、次数的加速跑；还可选择有各种地形的路段来练习，如平地上的快跑、上坡的慢跑、下坡的冲刺等。

3. 12 分钟跑

这是一种简便易行又科学的增强耐力素质的方法，既是锻炼耐力的手段，又是评价一个人体力水平的测试标准。对照下表就可知道自己处于普通人中哪一级的体力水平。

女子的评定标准要比男子低一个年龄组，即女子 30 岁以下者的标准相当于男子 30 ~ 39 岁（见表 2-1）。

表 2-1　　12 分钟跑体力水平等级(男子)

年龄＼体力水平	很　差	差	及　格	良好	优秀
30 岁以下	1 600 米以下	1 600 ~ 1 900 米	2 000 ~ 2 400 米	2 500 ~ 2 700 米	2 800 米以上
30 ~ 39 岁	1 500 米以下	1 500 ~ 1 800 米	1 900 ~ 2 200 米	2 300 ~ 2 600 米	2 700 米以上
40 ~ 49 岁	1 300 米以下	1 300 ~ 1 600 米	1 700 ~ 2 100 米	2 200 ~ 2 400 米	2 500 米以上
50 岁上	1 200 米以下	1 200 ~ 1 500 米	1 600 ~ 1 900 米	2 000 ~ 2 400 米	2 500 米以上

(四) 柔韧素质练习

具有良好的柔韧素质对于打好网球是极有帮助的。有些人发球时做不好“搔背”的动作,很大程度上是由于肩部和手肘关节僵硬,缺乏柔韧性造成的。提高人体的柔韧素质不仅能更协调地完成技术动作,而且能最大限度地减少打网球时的运动性损伤。

1. 发展肩、肘关节的上肢柔韧性的练习

可做拉肩、压肩、转肩、托臂、扩胸等动作,幅度由小到大,节奏由慢到快,迫使关节的肌肉、韧带达到最大的伸展状态。

2. 发展髋、膝、踝关节的下肢柔韧性的练习

可做正压腿、侧压腿、弓步压腿、仆步压腿、踢腿、摆腿、纵劈叉、横劈叉等练习。

3. 发展腰部关节柔韧性的练习

可做体前屈、体转、体侧、体后屈等练习。

(五) 灵敏素质练习

网球运动要求球员能在瞬息万变的情况下,快速果断地作出正确的判断并及时采取相应的技术动作。因此提高灵敏素质具有十分重要的意义。训练的方法如下:

(1) 灵敏协调的“抓耳、鼻”。先以左手抓自己的鼻子,右手绕过左手抓左耳。然后迅速换成右手抓鼻,左手抓右耳。逐渐加快节奏,反复多次练习。

(2) 一人发信号,另一人做动作。

① 随着发信号人的手势，迅速做前后左右的移动练习。

② 按照约定，根据发信号人随意的口令数字"一""二""三""四"……做下蹲、起跳、转身、俯卧等不同的动作。

(3) 一人向任意方向扔网球，另一人迅速跑动，在球落地前将球接住。

第七节 网球的基本战术

一、单打战术

网球的战术（打法）有上网型、底线型和综合型三种。

(一) 上网型战术

球员在积极创造一切机会和条件上网后，在空中截击来球，利用速度与落点变化造成对方还击困难，甚至失误。网前技术的使用率男子在40%以上，女子在35%以上。这种打法积极主动，富有攻击性，但略带冒险性。果断是这种打法所必须具备的意志品质。美国著名球星J. P. 麦肯罗属于此种打法类型。上网型打法的常用战术有发球上网、随球上网和接发球上网。

1. 发球上网

利用快速有力和落点多变的发球，迫使对方接发球难以主动发力，然后快速移步上网。

(1) 用第一发球的力量，发侧旋球，目标对方发球区右区外角，然后上网、冲至发球线中线偏左，主要封住对方正手接直线球，截击球至对方反手区。

(2) 用第一发球平击球或用第一发球的力量发上旋球，目标对方发球区右区内角，然后上网，冲至发球线中线，判断来球，截击至对方底线正、反手深区，随中场截击贴近网。

(3) 用第一发球力量发上旋球,目标是对方发球区左区外角,然后上网,冲至发球线偏右,主要封对方反手接直线球,截击球至对方正手区(图 2-94)。

图 2-94

(4) 用平击发球或侧旋发球,发球在左区内角上网,冲至中场处,判断来球,截击至对方正、反手底线深区,然后人随球跟进,准备近网截击。

(5) 注意事项:

① 发球上网的发球,重心要上升,击球点要稍前些,这样便于重心前移和上网冲得快。

② 边冲上网边判断对方来球,不论是否冲到发球线,在对方击球瞬间要急停、判断,然后再第二次起动向前截击。

③ 第一发球命中率要高,达到 50% 以上,这样才能发挥出发球的优势,为上网创造条件。

④ 发球的落点、旋转要有变化,以便破坏对方接发球的节奏。

⑤ 中场第一截击球的质量要高,成功率也要高,并要有一定球速。

2. 随球上网

在对打中,球员要利用一拍低而深的球,使对方难以发力,然后快速移步上网(图 2-95)。

(1) 利用平击、侧旋、上旋等不同球速、不同落点的发球,使对方接发球出现质量不高的浅球或中场球。如果回球落点在正拍的三分之二区时,则可用正手进行随击球上网;如果回球落点在反手的三分之一区时,则可用反手进行随击球上网。

图 2-95

(2) 在底线相持对攻或对拉中,球员要利用抽击球的速度、力量、旋转等落点的变化来控制对方,使对方回球时出现质量不高的浅球或中场球,然后迎上做随击球上网,以达到攻击对方的目的。

(3) 球员要利用上旋抽击球,把对方压在底线后面,等待时机突击上网。

(4) 在对拉中突击大角度拉开,改放小球上网。

(5) 注意事项:

① 步法起动要快,采取迎上高点击球。

② 随击球的成功率要高,质量要好,这样才能有利于网前的进攻。

③ 随击球的打法要不断变化,如平击、上旋、下旋、推起等,以破坏对方击球的节奏。

④ 应根据随击球的斜、直线落点,人随球动,迅速贴近网前进行封网。

3. 接发球上网

在判断准确、及时的基础上,接发球即击又快又狠的深球或击对方空当,使对方失去主动,然后迅速上网。上网型打法可用高压球技术,要求判断准、反应移动快;下拍坚决果断,落点好;保护后场的能力强。

接发球上网主要有以下几种方法(接第二发球):

(1) 接一区外角二发时,可用正手抽击或推切球,回击直线上网。

(2) 接一区内角二发时,可用反手抽击或推切球,回击对方反手上网。

(3) 接一区内角二发时,可用正手侧身抽球,压打对方弱点上网。

(4) 接二区外角二发时,根据对方技术情况,利用反手抽击或推切球,回击对方弱点上网。一般以打直线上网为好,一是因为距离远,对方准备时间短,二是为了上网后容易封住角度。

(5) 接二区内角二发时,可用正手抽击或推切球,回击对方左右两点上网。

(6) 接二区外角二发时,根据发球质量可侧身正手抽击球,回击对方斜线或直线上网。

(7) 注意事项:

① 在对方击球瞬间,球员应立即进入底线,准备迎上接球。

② 判断来球落点,球员应迅速调整与身体的距离。

③ 球员的身体前迎,后摆动作小,借助身体力量及球的反弹力量,压上高点击球。

④ 球员击球后,应根据球的飞行落点,迅速人随球动,上网截击。

(二) 底线型战术

底线型球员基本上保持在底线抽球(包括削球),利用球的速度、力量、落点和旋转变化出现机会时,偶尔上网。一般网前技术的使用率男子在25%以下,女子在20%以下,此打法原来偏于保守,较被动。近年来,在上网打法的影响下,产生了一种攻击性的底线打法,运用凶狠的底线双手抽球,使对方难以截击。世界著名运动员B.博格即属此种攻击性的底线打法,而现在这种打法的人就更多了。此打法要求球员移动积极、快速,能攻善守;正、反手无明显差异,掌握上旋抽击,能连续进攻,具备强有力的破网反击能力;能运用强烈的上旋高球,在快速中有"搏"一拍的技术;兼备处理小球和网前的能力;体力好,步法变化快。

1. 对攻战术

底线型打法的两面攻战术,是利用底线正、反手抽击球具有强大的连续进攻能力,配合速度和落点变化与对方展开阵地线,力争主动,从而达到攻击对方、控制对方的目的(图2-96)。

(1) 以正、反手抽击球的速度、力量,攻击对手的弱点,用速度压住对方。

(2) 用正、反手强有力的抽击球,连压对方一点,突击其另一点。

图 2-96

(3) 用正、反手的有力击球，调整对方大角度跑动，同时寻找进攻得分的机会。

(4) 在调动对方两边跑动时，突然连续打重复球，再加变线。

2. 拉攻战术

拉攻战术是底线型打法中使用比较普遍的一种战术。它是以底线正、反手拉上旋球，或正手拉上旋，反手切削球，来使对方左右跑动，一旦出现机会，马上给予致命一击。

(1) 正反手拉强力上旋于对方底线两边大角深处，不给对方上网及底线起拍的机会，寻找机会进行突击。

(2) 正、反手拉上旋球时，加拉正、反手小斜角，使对方增加跑动距离并出现质量低的回球，然后伺机进攻。

(3) 逼拉对方反手深区，伺机突拉正手。

3. 侧身攻战术

侧身攻战术是底线型打法中的一项主要进攻手段。它是利用强有力的正拍抽击球，配合良好的判断和步法移动，在三分之二场地上用正手对对方施加有力的攻击(图 2-97)。

(1) 连续用正手向对方发起攻击，创造得分机会。

(2) 用正手进攻，调动对方移动，反手控制落点，伺机用正手突击进攻。

图 2-97

(3) 用全场正手逼攻对方反手,再突击变线正手。

(4) 用正手进行攻击时,连续打出重复球(即回马枪)。

4. 紧逼战术

底线型打法的紧逼战术是以其飞快的节奏向对方进行攻击的一种重要手段,也是当今世界上优秀选手们常用的一种进攻战术。紧逼战术主要是发挥其良好的底线正、反手抽击球技术,迎击上升球,利用准确的落点控制,节节紧逼,以达到攻击的目的(图 2-98)。

图 2-98

（1）球员在接发球时就紧逼向前进攻，使对手发球时产生发完球后来不及准备的感觉和心理压力。

（2）连逼对手反手，突击正手，伺机上网。

（3）紧逼对方两边，使其被动或回球出现错误，伺机上网。

5. 防守反击战术

防守反击战术在底线型打法中占有很重要的位置，在执行防守反击战术时利用良好的底线控制球能力，发挥判断反应快、步法移动的体力好、击球准确的特点，来调动对方，以达到在防守中寻找机会进行反击的目的。

（1）在对方运用发球上网战术进攻时，接发球可采用迎上借力接球，把球打到对方脚下或两边小角，然后第二拍准备反击破网。

（2）对方进行底线紧逼进攻战术时，可采用底线正、反手拉上旋球至对方底线两边大角深处，不给对方进攻得分的机会，然后再伺机进行反击。

（3）在对方运用“随上球”的质量上网战术进攻时，应提高底线破网第一拍的成功率和突击性，以及破网之球的质量，以寻求第二次破网反击的机会。

（三）综合型战术

（1）对付发球上网型打法者，采用接发球破网或先接成功率，再准确第二拍破网。

（2）对付随球上网型打法者，采用底线打深球战术，不给对方以上网的机会，如果对方随球上网了，就采用两边节奏不同的破网或挑上旋高球破网。

（3）对付以底线拉上旋球打法者，可采用发球上网或随球上网的战术，以正手进行对拉、反手切削控制落点的战术，寻求进攻机会。

（4）对付底线稳健型打法者，采用发球上网或随球上网及底线紧逼战术，以打乱对方节奏。

(5) 对付接发球上网型打法者，要提高一发命中率，变化发球和落点，以控制场上主动权。

底线和上网两种类型打法的综合运用情况：网前技术的使用率男子为25%～40%，女子为20%～35%，著名美国网球选手J.康纳斯属此打法。这种打法的技术特点和要求是：积极快速，以攻为主；正、反手都能打加力的上旋抽球，有连续进攻的能力；能拉开对方，善于截击，高压球威力大、落点好，破网反击能力强。

二、双打战术

(一) 双打战术的总体要求

1. 协作配合

双打比赛要求两个球员配合得像一个人，这样才能把两个人的长处结合起来，打出高水平的比赛。由于双打战术机动灵活，变化比单打复杂得多，无论是高水平的双上网对攻战还是中低水平的攻防战，要做到瞬间的默契配合都是很不容易的，而这一点正是双打战术的突出特点，也是双打战术成功的关键。而"默契配合"是建立在两个人相互了解和信任的基础上，是在长期配合中磨炼出来的。好的双打配对应密切合作、互创条件、扬长避短、相辅相成，在场上有呼有应、相互鼓励、气势如虹，即使因实力不如对方而失利，两人的合作也应是愉快、融洽的。因此，打好双打的根本是两个人如同一个人，无论何时都要并肩作战，移动要一致，两人在各自移动时相互间的距离不能拉开3.5米以上，两个人好像被一根松弛的绳子相连接似的，必须一起前后左右地移动。

2. 协同防守

双打的防守要求两人互相及时补位、协同防守。当自己的同伴扑向一侧抢网时，自己要迅速地补上另一侧的空当。如果同伴回到端线去救高球时，自己继续留在网前，就会在两人之间出现漏洞，让对方打出落点很好的“穿越”球来。所以，当同伴退回去时，自己也要跟着退，使自己一方处于最佳的防守位置。退回端线后虽然被动了，但一旦出现浅球时，两人还可立即一同向前回到网前，拿回主动权。

3. 共同进攻

在双打中球员往往采用发球抢网进攻的战术，在发球前作出抢网决定，抢网是网前人横向移动，拦截对方接球员打过来的斜线球。它要求发球方有敏捷的思维和快速的步法。所以，两人要在事先商定，如果对方打斜线球时，网前人则要去抢网。一些双打配对队员喜欢用暗号，例如网前人把手放在背后，用握拳或张开手指向发球员表示抢网或不抢网。但在发球开始之前，如果两名运动员以口头约定则更好些。一旦作出决定，必须坚决执行。同时，另一个队员要防住空出的场地。当网前人扑出去拦截接发球时，其所在的半个球场便无人防守。所以，发球员发球之后，不应该直接冲向前，而应向前跑几步，然后向同伴留下的那半场跑去，并继续向网前移动。抢网的人在拦截之后，应当继续进入发球员的场区。两人只有交叉移动，共同参与进攻，才能防住对方可能回击的直线球，以及抢网人第一次截击没能得分后的回击。

（二）双打的基本战术

1. 双打中发球方站位法

（1）前后站位：

同伴站在网前，发球员发球后立即上网。

（2）澳式站位：

澳式站位即同伴在网前中线或靠近中线，发球员发球后根据同伴的要求进行上网。

发球员的站位应根据网前同伴的站位以及战术意图来及时进行调整，做到便于上网和封网，以发挥发球局进攻的优势，达到控制网前的目的。

2. 双打中接发球方站位法

(1) 前后站位:

前后站位即同伴发球线与球网中间,接发球员站在底线后或底线内。

(2) 双底线站位:

双底线站位时接发球员与同伴的站位,应根据对方发球与网前受到的威胁,以及发球与网前的成功率来进行调整,在接发球破网的防守反击中伺机上网,抢占网前的有利位置。

3. 双打战术

双打中的战术主要包括发球局战术与接发球局战术两种。

(1) 发球局战术。

① 发球上网战术:发球上网时球员用80%的力量发出平击、侧旋或上旋等不同旋转的球,提高一发球命中率,不断变换发球落点,然后快速向网前迈进;第二发球也要利用旋转和落点的变化来为上网创造条件,上网后的中场第一拦网截击球要平而深或角度大,如果起高球则对方网前同伴将会扑击抢网。

② 发球上网抢网战术:运用抢网战术,网前同伴可以首先在背后做手势,告诉发球员应发什么落点,自己抢与不抢。采取此战术可以干扰对方接发球,为发球上网得分及抢网得分创造条件。同时,要强调发球员的发球质量、成功率和落点的变化。

③ 澳式站位网前战术:澳大利亚式网前战术,使接发球人不知发球方的网前运动员扑向哪一侧抢网截击,能起到破坏对方接发球节奏,为发球上网截击得分和抢网得分创造有利条件。运用这一战术时,要求同伴给发球员手势,告知发球落点和抢与不抢,另外发球员的第一发球命中率一定要高,这样才能使战术得到充分的运用。

(2) 接发球局战术。

接发球局战术运用得成功与否,取决于接发球的质量。为了变被动为主动，接发球时不能光在底线被动挨打，而要采取主动进攻、积极上网的战术。在运用接发球局战术时要根据对方发球及网前的攻势，提高己方接发球的质量，做到灵活机动，防止瞎打瞎冲。接发球局战术包括：接发球双上网战术、接发球抢网战术及接发球双底线战术等。

① 接发球双上网战术：为了抢占网前有利位置，当对方发球时，接发球员要判断准确，应向前，到底线里面去还击球，然后随接发球上网。由于是向前迎击球，因此回接球的速度比较快，能给对方发球上网截击或抢网造成很大的威胁。同时，对接发球员的要求也比较高，要求接发球员判断好，移动动作小，并向前向下顶压击球，朝发球上网队员的脚底下或双打边线内击球。

② 接发球抢网战术：在高水平的双打比赛中，接发球抢网战术经常被球员运用，此战术的运用能使对方发球上网者增加中场截击球的心理负担而产生回球失误或回球质量不高。在运用此战术时，接发球员与同伴配合要密切，当接发球员接了一个质量高的低平球或对方发球上网者中场拦出一个质量不高的球时，应立即补位，防止对方截击直线球。

注意接发球同伴不要移动过早，以免被对方发现而击直线。

③ 接发球双底线战术：在双打比赛中，如果对方发球有威胁，网前又非常活跃，为了破坏对方快节奏的进攻，可采用接发球双底线的战术。由于两人都退至底线，使对方网前截击产生一定的心理压力，不能马上得分，因此对接发球员来说，首先应注意接发球的成功率，然后再寻找机会用凶狠的破网打法进行反击，以破中路和两边小角为主，并结合挑上旋高球。

第三章　网球运动技术、战术的提高

网球运动从英国维多利亚女王时代(1837—1901 年)开始,发展到 21 世纪的今天,已走过了一个多世纪的历程。在这 100 多年的时间里,所有的事物都是在发展演变的,网球运动也是如此。网球运动在场地、制拍、制球技术有了相当发展的同时,球员的各项身体素质、技术的娴熟程度、在场上的意识也取得了不断的提高和演变。不同时期,网球运动有自己的理念和相对合理的技术动作要求。

为了在众多高手中脱颖而出,现在很多的网球教练员和运动员在应用力学和人体解剖学原理的基础上,以提高竞技能力为宗旨,进行技术、战术的研究和创新,以与时俱进的前沿技术、战术来参与竞争,使这项运动的水平不断得到提高,永葆生机。

第一节　现代网球击球的“拨浪鼓”原理和基本环节

一、击球的“拨浪鼓”原理

一般初学者在击球时最大的问题就是不会转肩或者叫不会转体,不只是初学者,有些打了很多年网球的人也是如此,他们在击球时只是在挥动手臂而已,身体就像是一堵墙似的一动也不动,你叫他转动肩部,扭动腰部,他也只是将手臂挥动得更快些而已。这样做不仅打不好球还会带来很严重的伤病。其实打球的原理很简单,想想拨浪鼓吧!

当你转动那面鼓时,鼓两旁的拴着的小球也会跟着转动;你将鼓转得越快,小球也会转得越快。当你把自己的身体当做是那面鼓,把你的手臂当做是球时,你一转体,你的手臂也就会跟着转动;而你的手臂越放松,就会转得越快;你的身体转得越快,你的手臂也就挥得越快。这就是击球的全部秘诀和基本原理。

所以,初学网球者最好能忘记用自己的手臂来打球,你的手臂无须格外加力,只要握住球拍和控制拍面的角度就可以了,把发力的事交给身体。球来了,把侧对球网的身体转成正对球网,手臂就自然地被带到身体前方将球击出。

击球时要认真体会以下几点:

(1) 自己的手臂是被转体产生的力给“甩”到前方去的,而不是主动挥出去的,用心体会这个“甩”字。

(2) 要想顺畅地转体,就得先确立一个轴心,击球时重心放在哪条腿上,就应以哪条腿为轴转体,也就是说,击球时要牢牢地站稳,不要左摇右晃的,这样转体击出的球才会稳定有力。

(3) 练习时可以先将两只手臂放松,垂在身旁,练习转体;这样有助于忘记以前的不规范的击球动作,等学会放松手臂以后,再把手臂曲肘抬起练习转体。

(4) 这种击球方式要和步法相配合,一般而言,应该采用开放式步法,在击球前将身体反向扭转成侧对球网,击球时再顺向扭转击球(总的扭转角度应大于180°),这样便可将腰、肩的力量很好地发挥出来。如果采用关闭式步法则较难做到协调击球。

(5) 击球之前有一个引肩的动作(像拉弓射箭一样),击完球之后由于重心移动,击球那侧的脚会有一个习惯性蹬跳动作或向前迈步的动作。

二、击球过程的基本环节

对于网球初学者来说，在打球时有几个基本环节是非常重要的，这往往关系到以后能否打好球。

1. 握拍

从国内来看，初学者正手一般都采用东方式的方式，这样的话，反手就需要转拍。所以最好击完球以后，双手握拍，以便及时转拍。打反手时可以用左手（右手握拍）托着拍面下沿，控制拍面的方向（单手击球时）。正确的握拍姿势不会使手上产生泡，反之，就是不正确的握拍。

2. 准备

最关键的就是拉拍，并且尽量早拉拍，这样才有充足的时间击球。拉拍时，身体需要充分地伸展开，以便有一个比较好的击球路线。

3. 判断

任何球员在球场上都要及时判断来球的落点和路线，以及选择一个合适的击球位置。一个优秀的网球选手，往往能在对方击球的一瞬间，就已经判断出球的落点，对于我们来说，在球过网时应该迅速作出反应。

4. 跑位、步点、击球点

跑位、步点都是为选择一个合适的击球点服务的。不管打上升球还是下降球，击球点总是应该在身体的前侧。

5. 击球

从击球的路线来说，一般是一个由下而上的过程，身体的重心即处于由后而前的过程。

以上几个基本环节是初学者必须注意的。

第二节　现代网球理念和网球前沿技术

一、几点新的现代网球理念

（一）在控制的基础上发挥力量

有人说，力量支配着当今网坛，有力量才有杀伤力。但精准的落点、充满智慧的球路一直在告诉人们：控制才是基础。如果一味地追求力量，则会在主动得分的同时失误也增加，而且很可能使失误增加的次数多于主动发力得分的次数，这就失去了力量的意义。所以，在控制的基础上尽可能地发挥力量才是当今网坛的主旋律。例如，费德勒的发球和抽击都不是最快的，但因为他的发球和抽击兼具力量和落点，所以才拥有最大的杀伤力。

（二）抓住时机，主动迎击

在谈到击球时机时，大多数人同意球落地后弹起到达最高点时击球，因为此时球在竖直方向上的速度为零，只有水平方向上的速度，这时击球容易实现对球的控制。但真正的高手们对此也有自己的看法，阿加西一直在球的上升期击球，即使是接发球时，他也坚持如此。我们可以看到他接发球时的站位总是在底线以内，以便在球的上升期第一时间将球击出。认真分析后，我们可以发现这样做的好处。首先，这样做大大缩短了对手两次击球之间的时间，使之在准备不够充分的情况下，匆忙出手，陷于被动。特别是大角度调动时，对手往往来不及跑动到位，从而导致直接失分。再者，这样做，更容易借到对方来球之力，使击出的球速更高。球在落地后弹起时，有向上的分速度，可直接击打球的正后方，球便向前上方飞出，而不会落网。所以，球员在击球时可更大程度地向前挥拍，从而减小向上的提拉成分，把挥拍击球的力量更多地用来提高球速，自然，球的飞行速度更快。

击打球的上升期，可以使自己更为主动，而不是拉好姿势，两眼盯着球，被动地等它跳到最高点或者等它跳起来再落到与腰同高的位置后再击打。要知道，在这段时间里，对手已从被动位置迅速回位，调整姿势，当你把球打出时，对手已可以从容地到位击球，所以，在这一瞬间己方和对方的主动与被动关系就发生了转变。

每当球在自己的场地上落地又弹起处于上升期时，这都是一个机会，只要你准备充分，就要大胆地向球跑动，抓住它。这样做可以使你一步步地靠近球网。在网球场上，越靠近球网离胜利就会越近。

在上升期击球的基础是反应和移动的速度，是用自己的反应和移动速度挑战对方的反应和移动速度。而这时你的优势就在于在心理和技术上早有准备。

在开始尝试击打球的上升期时，你会感到不适应，因为这是以牺牲自己的准备时间为代价的。而且击球时机稍纵即逝，出手动作一定要快。这时，你可以减小引拍幅度来降低击球的难度，待适应后再正常引拍。这项技术一旦被你掌握，它就会成为你在场上的强大武器。

（三）网球运动的核心

专注、移动和娴熟的击球技术，是控制和赢得比赛的基础。这些是过去强调，现在强调，将来也必须强调的。

1. 专注

专注，就是在场上注意力高度集中。高水平的网球比赛绝不仅仅是双方技能与体力的较量，而更是反应速度和移动速度的较量。灵敏的反应和迅速的移动都要以专注为前提。球场上往往在百分之几秒的时间内就能使击球质量大为上升或下降。所以，球员的注意力要高度集中，专注于观察判断和自身动作。两眼要紧盯住球,并用余光注意对方的移动和意图。当球离开对方的球拍时,球将会在哪里落地,自己的击球点在哪里,应该移动的方向和距离等大致就可以确定了。要在第一时间做出判断,并迅速移动,调整身体姿势,准备击球。在移动的同时,球员要根据球的实际飞行情况实时做出反应,控制身体,使动作更为精确。这是进行高质量回击的保证。

在场上,要学会专注于当前的一分、当前的一击,全神贯注。不能思考或设计太长远的东西。对上一分上一局的失误与成功之处和对方弱点的总结及下一步战术的运用,只能在交换场地的时间内思考。在比赛进行的每一分时间里,如果有这些"牵挂",就会使你的反应迟钝,动作放慢、机械。同时,也不能让想赢怕输和其他的负面思考影响能力的发挥。冷静的平常心看似简单,却是高水平网球竞技的决定因素。

2. 移动

移动,迅速到位,是网球比赛的又一重心。有人说,网球是靠脚来打的,可见脚步移动的重要性。场上最佳的击球时机稍纵即逝,抓住它靠的是快速、灵活、准确的步法。当每个职业高手打球时,我们都能看到他们那爆炸性的加速起动、流畅的步法、精确到位的急停和控制极佳的平衡感。他们的击球都显得从容镇定,因为他们都懂得场上的时间是靠脚挤出来的。

3. 娴熟的击球技术

娴熟的击球技术,其重要性不用多谈,大家都能认识到。笔者要强调的是,它要靠有针对性的训练才能获得。初学者在某一段时间中,要有针对性地多练某一击球技术,比如正手抽击、反手削球、截击、发球等。首先要找到合理动作在击球瞬间的感觉,并要反复练习强化动作,直到形成动力定型。

二、网球技术的前沿与趋势

网球技术包括：发球、接发球、正手抽击、反手抽击、截击、削球、高压球、放小球等。每项技术都在发展，而以正、反手抽击和发球的变化最为明显，它们也是比赛中最常用的技术。下面就以这三项技术为例来重点分析网球技术的现状与发展趋势。

（一）正手抽击

每位网球运动员都会有自己的杀手锏，即最拿手的一项技术。只要出现机会，便可用它打出致命的一击。对于大多数球员而言，正手抽击就是杀手锏。所以，正手击球技术一直是受球员关注的，它也是网球技术发展变革中最活跃的因素。往往可以用它来划分一个时代或定性一位球员的风格。

下面对正手抽击技术的发展状况从五个方面作一简要介绍，基本动作包括握拍方式和击球步法；整个击球动作包括三个技术环节：挥击、引拍和随挥。

1. 握拍方式

西方式握拍曾一度流行，现在也有许多球员使用，因为这种方式在控球、稳定性、强上旋等方面有独到之处。运用这种方式打出的大角度、高弹跳的底线球确实能给对手以持续的威胁。但渐渐地，其弱点已为人们所认识。首先，西方式握拍，当击球点在腰部或稍高于腰部的位置时，打起来十分顺手，而一旦来球低平，就不再容易发力和控制，也就是说，它对来球的适应性较差；其次，西方式握拍不易打出平击球，击球方式单调不富于变化；再次，由于以上两点，西方式握拍的击球方式往往将自己固定在底线，等球弹起时再击，而不敢轻易地向前移动压制对方。

为了解决这个问题，越来越多的人发现半西方式握拍更为合理。它对来球的适应性更强，击球时，是上旋还是平击可根据情况自己掌握，更富于变化。通常击打时，越接近底线的来球，上旋成分越多;越往网前走,平击成分则越多,这样可使击球的威胁性增强,使获分的优势扩大。

2. 击球步法

当前正手击球技术取开放式步法,双脚呈并行开立状,两脚连线基本与底线平行,上体从转肩侧身准备击球姿势至完成击球动作,约转动180°,击球后身体转向底线的另一侧。传统正手击球技术则取关闭式步法,击球时左脚踏前一步(以右手执拍,正手击球为例,下同)。从侧身准备击球至完成击球动作,身体大致转动90°,上体基本正对前方,左脚在前,右脚在后。

从发挥击球力量和速度的角度看,开放式步法能充分利用腰腿力量,提高击球速度。第一,开放式的开立站姿,使转体侧身引拍时自然地增加了躯干的扭转幅度,腰腹部的肌肉预先得到充分的拉长扭紧。当做出完整的挥拍击球动作时,上体约转动180°,转动辐度是关闭式步法的2倍左右,有利于腰腿大肌肉群发挥力量。第二,与关闭式步法相比,开放式步法挥拍时球拍随人体向前平动的成分少,围绕人体纵轴作转动的成分多。我们知道,平动的物体,各质点的运动速度相同。当物体转动时,各质点则具有不同的线速度;角速度不变时,转动半径越长,线速度越大。显然,由于开放式步法击球时以转动为主,手臂加上球拍有较长的转动半径,拍头的速度远高于随身体向前平动的速度。第三,从底线击球步法移动的技术角度看,开放式步法击球后身体运动方向朝底线的另一侧,有利于在底线的横向移动,并能较快地恢复准备击球姿势。而关闭式步法击球后身体的运动方向朝前,要保持在底线击球就必须克服身体向前运动;与开放式步法相比,关闭式步法需要多附加调整步,复原动作较慢。

3. 挥击

挥击是击球动作的主要技术环节。在传统的网球技术中,为了追求速度,大多要求平击。所以在挥拍击球时,拍面与球接触的瞬间,要求拍面竖直,拍头与拍柄在同一水平高度,整个挥击过程球拍基本在同一个水平面运动,拍面接触球的后部。当今,球员的爆发力越来越大,制拍技术也有了相应的提高,球员打出的力量使球高速飞行已不成问题,关键是要把球的落点控制在对方的底线之内。所以,必须在击球时给球施加上旋。为了达到这一目的,就要求球员在击球时将拍头适度下垂,即拍头略低于拍柄。因为拍柄是球拍的相对固定端(手持拍柄),而拍头是相对自由端;拍柄带动拍头向前挥动,当球与拍面相互作用时,拍头滞后于拍柄。又因为拍头与拍柄在竖直方向上存在一个高度差,这就会使拍面由垂直于地面变成向前倾斜(即拍面关闭),这是使球产生上旋的重要因素。拍面在到达击球点之前,位于击球点的后下方,向前上方挥击到达击球点时接触球的后下部,这是使球产生上旋的又一重要因素。以上两个因素共同作用的结果是使拍面对球的作用力不通过球心(即产生所谓的偏心力矩),这样球在飞行时便产生了旋转。

当然,利用手腕在击球瞬间内旋,也能使拍面关闭,给球施加上旋,但这会导致过度使用手臂击球,身体的力量无法充分发挥。这是以牺牲身体力量为代价的,且速度太低没有杀伤力,意义不大。

从后下方向前上方大力挥拍,击球瞬间拍头下垂略低于拍柄,这两个动作要领实现了控制和力量之间的最佳结合,所以是当前最合理的挥击动作。

4. 引拍

引拍变化的地方是引拍结束时球拍相对于身体的位置和球拍的姿势。传统的技术动作要求是充分引拍,停于体侧,基本与髋部同高,屈肘,肩关节收住,腋下正好能夹住一个网球。拍面竖直,拍头与拍柄连线水平,拍柄底座正对来球方向。当前的技术动作要求是:引拍结束时,停于体侧,上臂外展,肘部微屈,拍头与头部同高或比头部略高，拍柄与肩部同高，拍面向下。

要想弄清这一变化的原因，必须明确一个运动生理方面的原理，即肌肉收缩前先将其拉长，紧接着肌肉收缩产生的力量比在自然长度状态下肌肉收缩产生的力量要大（即牵张缩短环）。例如，运动员在原地掷标枪时，先向侧后引枪，将需要发力的持枪臂的肌肉、腰腹肌肉适度拉长，随即发力将标枪掷出，这样掷出的距离比直接屈臂将标枪举于头上掷出的距离要远一些。这个原理有一个即时性的要求或称即时效应，即肌肉被拉长后要随即收缩，发出的张力才会增大，一旦有明显的停顿，这一效果就会消失或减小。仍然以上面的例子来说明，运动员若在引枪后停顿两秒钟，再把标枪掷出去，就没有引枪后随即把标枪掷出去掷得远。这种即时效应在体育动作中有广泛的应用。如推铅球从划步式到旋转式的转变也是这个道理。

正手抽击引拍动作的变化也是基于即时效应这一原理而做出的。传统的引拍动作从引拍结束到爆发用力挥拍击球之间容易停顿，因而不能把肌肉力量完全发挥出来。而新的引拍动作结束后，随即便开始肩关节内收，屈肘向下拉动球拍，同时前臂外旋，使拍面从向下变为与地面垂直，拍柄底座正对来球路线，即传统的引拍结束姿势。此时下肢及腰部已开始发力，而肩轴仍与球网垂直，最后爆发产生张力的肌肉都处于最大限度的拉长扭曲状态。引拍动作的改变之处就在于使这一状态在动态中形成，它只是完整动作过程的一个瞬间。在这种状态下开始爆发用力挥拍击球，就能发挥出身体的最大力量潜能。

另外，新的引拍技术在最后爆发用力挥击之前，拍头已有了一定的初速度。而传统的引拍技术引拍至身后须停顿，然后再向前挥拍击球，向前挥拍时拍头初速度为零。在这一点上，新技术的优势更为明显。

5. 随挥

随挥是击球动作的重要环节，它对出球的方向、力量和旋转都会产生影响。传统的技术动作要求随挥动作充分、完整，持拍手停于对侧肩上，拍头至于后背。这样做的好处是可使身体力量充分发挥，并能使球产生一定的上旋。但这样做容易使上体后仰，击出去的球的初速度方向也会随之出现向上的偏差，而飞出对方的底线，为了实现对球的控制，现代随挥动作发生了改变，要求球离开拍面后，球拍向出球方向跟进，重心顶上去，球拍尽可能地向前跟得远一些，持拍手最终停于对侧上臂处，这样击出的球不会因向上的弧度过大而飞出对方底线，并且可对球的飞行路线与落点的控制更为精准。

(二) 反手抽击

反手抽击与正手抽击有许多相似之处，其原理是相通的，都要求在控制的基础上打出力量。

反手抽击分为单手反手和双手反手，它们各有利弊。相对来说，单手反手发力协调顺畅，但要实现对球的精确控制就比较困难，要求动作细腻，需长期练习。双手反手，由于两手持拍，球拍很稳定，容易实现对球的控制，但发力时对全身的协调配合要求很高。因为没有专门负责维持身体平衡的上肢（这与正手抽击和单手反手抽击不同），球员在最后发力时，容易造成重心不稳或动作僵硬，从而打不出力量，降低击球的杀伤力。

无论是单手反手抽击还是双手反手抽击，都是为了扬长避短，使动作的每个环节都做得合理到位。

单手反手抽击转体幅度相对较小，击球前后，肩轴转动只有90°左右，所以应采用关闭式步法，以使发力更为顺畅。与正手抽击的道理一样，引拍结束时球拍也取高位，拍头立起与头同高，指向后上方。此时，右肩在前，左肩在后，两肩连线与球网成锐角，对手视线可越过球网看到自己的右侧肩胛骨，但不可以看到整个后背。挥拍击球时,左腿蹬伸,重心前移,转腰转肩。球拍与球接触时,同样使拍头稍下垂,略低于拍柄,以使击出去的球产生上旋。此时,身体停止转动,使身体动量都传递到右臂,右臂以上体作为支撑加速向前上方挥出。同时,左臂伸直后摆,维持身体平衡并防止过分转体。随挥时,由于肩关节的活动范围所限,右臂不可能挥到体后,所以要保持直臂尽量向侧上方挥出,右臂充分展开。此时,身体并没有完全转正,肩轴仍与球网有一定的角度。

双手反手抽击,充分利用双手持拍时球拍稳定的特点,采用半开放式站位使球路更为开阔。引拍完成时,肩轴与球网垂直,球拍高度比髋部略高,拍头稍高于拍柄,而不是在头的高度,这是为了使动作幅度不致过大,以保持重心稳定,动作协调。挥拍击球时,重心前移,在拍面与球接触的瞬间,同样使拍头略低于拍柄,以使球产生上旋。击到球后,继续转体并向前上方挥送球拍。随挥结束时,两肘弯曲,拍头垂于后背,左肩在前,右肩在后,肩轴与球网垂直,发挥出最大的力量使球加速。

(三)发球

发球是现代网球技术中的主要技术之一,是双方对抗的开始,也是进攻性击球的重要武器。由于发球是网球技术中惟一由运动员自己掌握,不受对方制约的技术,因此发球技术的好坏很大程度上决定了比赛的胜负。

发球这一技术动作包括抛球、拉举球拍、挥拍击球和随挥四个动作环节。其动作的演变表现在:传统技术动作要求完成拉举球拍后,动作稍有停顿,接着进行挥拍击球,这样做是为了保证挥拍击球这一关键动作环节能迅速、精准地完成;而现代技术动作要求是,拉举球拍和挥拍击球之间没有停顿,或者说两个动作环节交叉融合,一气呵成。拉举球拍包括屈膝、侧身、顶髋、转肩、提拉球拍和拍头上指等动作。在提拉球拍至与胸部同高时,下肢就开始蹬伸发力,拍头上指时,腰腹肌肉已开始收缩,紧接着是转肩、送肘、甩腕、拍面触球完成击球动作。这样就使两个动作环节相互叠加融为一体,而使整个发球技术动作显得更为紧凑、连贯。这样做的效果能使身体力量得以更大发挥,动作更为协调,球速更高。

用"牵张缩短环"的即时效应来解释,拉举球拍这一动作环节的完成也是一个过程,姿势完成的部位顺序为下肢、腰腹、肩、上肢、球拍。因此,整个技术环节完成后再做挥拍击球时,下肢和腰腹肌肉已有了明显的拉长等待时间,而挥拍击球环节也是一个从下向上的肌肉收缩过程,等下肢和腰腹肌肉发力之后,肩部和上肢再发力时其肌肉已出现了明显拉长等待的时间。所以,所有部位的肌肉均未能发挥其最大的力量潜能。而利用时间差使两个技术环节的动作叠加,可以使每个部位的肌肉在拉伸后随即进行收缩,从而发挥其最大力量,在击球时制造出最高的拍头速度,使发球更具威力。

由于拍头和击球两动作交叉完成,两者之间没有停顿,所用时间就缩短了,而从开始抛球到球下落之击球点的时间是不变的,因此在球拍向上提拉之前,左臂正常抛球,而身体和右臂的动作要适度地放缓或稍有停顿。也就是说,在做好发球准备姿势后开始发球时,左右两手同上不同下,左手向上抛球,右手向体侧后方拉引球拍,动作放缓,同时慢慢地屈膝、转髋、侧身,待球快要到达最高点时,迅速向上提举球拍,同时快速屈膝、转髋至最大幅度,随即从下向上爆发用力完成击球动作。

新的发球动作要求对最后爆发用力的时机把握精准,初学者起初尝试时会感到不适应,但经过调整、练习,一旦形成稳固的动力定型,发球将成为球员进攻的利器。

(四) 另外几种前沿的击球技术

1. 侧旋球

正手侧旋击球是在上旋球基础上让球产生更多的侧向旋转,也可称之为侧上旋球。

动作要领:

(1) 握拍方式以半西方式为宜。

(2) 充分放松、拍头向下是最基本的要点。

球员在击球时首先是身体放松,在后引拍放松的基础上再全身协调用力,不用蛮力,后引的球拍由于自身重量所致,拍头会自然下垂,轻松地挥拍到底,就会使球产生侧向旋转。

(3) 向斜前上方彻底拉挥拍。

如果想让球产生强烈的侧向旋转,球员要有意识地向斜前上方做彻底的"提拉球拍",仅靠手腕动作挥拍是打不出这种效果球的,而且容易损伤腕关节。如果是右手持拍,最后球拍应挥至身体左侧。

2. 凌空高点抽击球

所谓凌空高点抽击是指在凌空大力击上旋球基础上发展的更具攻击性的一种高难击球技术。世界网球技术正朝着攻击性的方向发展,在比赛中使用凌空高点抽击的选手越来越多,这种打法在实践中确实有效,是在决定性一击时采用的一种进攻性技术。

动作要领:

(1) 凌空高点抽击球与传统的普通凌空大力击球的区别在于:普通凌空大力击球的挥拍动作是从下向上,以强烈的旋转来增加攻击性;凌空高点抽击球的击球轨迹接近平击球,要求手腕放松的同时,用从上而下扣杀的感觉去击球。从下向上挥拍是为了加旋转,而从上向下挥拍更强调爆发力和球速。

(2) 凌空高点抽击球的击球点在胸到肩的高度范围内击球,随挥动作结束在另一侧手臂的腋下至腰间的位置上。这样击球不会有太大的旋转,击出的球速快且反弹低,如果把落点打深,杀伤力会更强。

(3) 击球前的调整。为了保证在胸前适当的击球点击球,最重要的是身体必须移动到合适的位置,因此必须注意脚步的移动,最初用侧滑步接近球的落点，在击球前改为小碎步进行调整，要主动迎球，切忌等球。

(4) 击球后的调整。球员在击球完成时，挥拍手同侧后脚抬起，这样可以将身体的力量传导到球上，使球具有更强的爆发力。身体稍前倾，以便把球拍挥到腋下，维持身体平衡。

3. 截击制胜球

动作要领：

(1) 向后引拍动作幅度要小，把轴足的脚尖转向侧面，轻松完成引拍动作。

有些球员由于特别想用力而导致引拍过头，效果会适得其反。企图用挥拍的力量打出有力的截击球是错误的，对手来球速度越快，引拍动作要越小，这样才能打出强有力的截击。

引拍过大的人可试着使引拍动作在脸前通过，一旦拍面越过视线说明引拍太大了。其实，只需将轴足的脚尖转向一侧，引拍动作就已完成。

(2) 轴足向前跨步。

在转体引拍时球员同时要跨步，正手击球跨左脚，反手击球跨右脚，如果两脚不动就很难打出有力的截击球，同时肩部也要参与准备，尽早做好击球的姿势。

(3) 进攻动作分两次进行。

从引拍到击球一口气完成是少数情况下才出现的，且大部分是在准备不足、时间来不及的情况下，只好在引拍之后匆忙截击，这样的打法是很难给球施加压力的。正确的动作应该是：引拍之后拍子稍做停顿这是一个动作；然后从这里开始进行截击，这是又一个动作。整个动作过程是有意识地分为两个阶段，引拍时吐一次气，挥拍时再吐一次气。

(4) 不要过分使用手腕，击球时肩、肘、腕在一条直线上。

如果球员过分想用力或过分随意都会造成击球时手腕动作过

大,企图用手腕控球是很困难的,而且也不可能打出有威胁的截击球,更会损伤手腕。从引拍到击球要有意识地将肩、肘、腕集中在一条直线上,然后巧妙地利用对方来球速度,自己只要摆好姿势,无须用太大力量,球便会被强有力地截回。

(5) 向前迈步时不是用脚尖而是用脚跟迈出着地。

当遇到机会球时,击球者往往得分心切,想用力一拍打死,致使只用上体靠近球,造成的结果不是下网就是出界。其根源就在脚尖上,本来向前迈步时应该用脚跟着地的,可却用脚尖着地了,这样会造成上体向前倾斜。

(6) 击球后要有短促的随挥动作。

随挥动作与引拍同样重要,随挥不但是控球的关键,而且是打出有力的截击球的关键所在。击球之后要向着击球方向作较短的随挥动作,而且此时拍面与手腕要在同一平面上,随挥就像把球向前推出一段距离那样给球追加力量。

4. 对付怪异"弹跳"球击球法

这里所说的怪异"弹跳"球指的就是不规则弹跳球,即令人难于判断反弹方向的球。它们大多因为旋转强烈而产生,应付这种球也是有窍门的。

(1) 放松、稳定地回球。

先观察对手的挥拍动作,看清他对球施加怎样的旋转,再决定是后退等球落在腰高时击球,还是不等球落地用削球的方法回击。其中削球回击的方法比较稳妥。

(2) 截挡回击。

对于旋转激烈的球,削球的打法即使不用大力气也能轻松地将球截回。另外,由于不等球落下就打,不会留给对方充分的时间。如果等球下落,球的反弹方向则不好确定,所以击这种球不要等,调整好拍面截挡回击即可。

(3) 不要全力挥拍。

这种打法技术要点类似截击，不要像打下旋球那样全力挥拍，只要调整好拍面，谨慎击球即可，随挥动作也就是截击球之后的惯性而已。

采用近似东方式的握拍方法，拍面不是对准球的正后方，而是像打斜线球那样的角度，以斜向送球的感觉击球。

(4) 用膝关节应付变化。

在草地球场上，弹跳不规则的球就特别多见，如温布尔登公开赛。对于这样的球，应使膝关节处于自然弯曲状态，根据来球情况，膝关节伸屈自如地应对来球。如果站得笔直，就不可能应付变化的来球。

(5) 盯球时间长。

不规则弹跳毕竟是特殊的，即使做出预测，球路也仍有可能变化。所以，球员一定要长时间地盯准来球，做出身体和球拍的反应。

第三节 现代网球技术与战术思想

一、现代网球技术与传统网球技术的比较

（一）东方式正手击球与西方式正手击球的比较

东方式正手击球采用东方式正手握拍，球员在击球时手腕紧锁、固定，挥拍过程中要保持拍面长时间垂直于地面，向后引拍方式多采用直线短距离引拍；击球时，身体侧对来球，自然蹬腿、转体，主要靠身体重心的前后移动来带动手臂击球。由于击球点的有效区域较大，对一些稍前稍后、稍上稍下的来球都能较好地运用身体回击。因此，这种技术的动作用力方便，自然流畅，简单易学，

并且符合人体生理力学结构的要求。

西方式正手击球采用西方式握拍，主要是击打出强有力的上旋球，具有很强的进攻性。它的站位基本是开放式的，主要靠转肩的力量去击球；它的引拍方式常以手肘为主，从上而下环状挥拍。这就要求球员对球应具备良好的判断力，并能很准确地把握击球时间。因为动作幅度较大，球员的手臂和手腕经常参与发力，如果是身体素质较差，特别是上肢力量较弱的初学者，就很容易造成损伤。总的来说，西方式击球重视进攻性，力量较大，球的旋转速度较快，属于比较高级的一类技术；东方式击球重视稳定性，力量可大可小，严禁使用手腕，提倡用自然的身体力量击球，属于比较基本的一类技术。根据运动训练学理论，基本技术是高难度技术的基础。学习掌握技术应该从易到难，从初级到高级。因此，建议初学者可以在初步掌握了东方式击球的基本技术，球感和技术得到一定的提高后，再根据自身特点有条件地学习较高难度的西方式击球技术，使自己脚踏实地地提高运动水平，更上一层楼。

（二）现代正手技术与传统正手技术的比较

对于杀伤力很强的正手击球，力量和准确性或者说速度和控制是两个重要因素。现代正手技术，强调身体的运用，利用身体扭转及重心移动产生的能量，产生更高的拍速击打来球，并使球产生上旋。上旋球已经是现代网球正、反手击球的主流技术。

那么，传统正手动作和现代正手动作的区别在哪儿呢？

我们通常把正手击球分为准备、引拍、前挥、随挥四个阶段。但在这里我们把它分成了准备、后引、下降收缩、加速击球、随挥五个阶段和七个动作。整个击球过程是一个不间断的整体，这个分法并不是要把击球过程割裂，只是为了更清楚地加以说明。更细的划分，可以使初学者练习时能找准自己的问题并加以解决。其中使用的新的名称，是为了强调现代与传统技术的区别。

下面以右手持拍、重心转移以关闭或半开放站位为例来进行分析。(开放式站位应将重心保持在右脚,在击球时向左脚转移。)

1. 准备

现代击球的准备动作和传统击球的准备动作区别不大,这里不做分析研究。只是强调两点:一是在对手击球时要做一个分腿垫步,以建立身体的平衡;二是尽量做到先跑动,在跑动中转身再后引,以使整个击球动作连贯。

下面我们仍以罗迪克、阿加西正手击球为例说明。罗迪克的正手以威力著称,而阿加西的正手被认为是最有效的正手典范,他们的动作各不相同,但他们的共同点正是现代正手技术的特点。

2. 后引

说到引拍,绝大多数朋友在学球的时候,往往有人教他们把拍头指向后围网,拍头要低于击球点,直接拉拍,等等。很多朋友也是这么打球的。但现代网球技术没有引拍,只有后引。后引的作用主要有两个:一个是使身体产生势能,把身体作为一个整体右转,将重心移至右脚,拉开相关肌肉;另一个是将拍头后移到相对于球网的身体右后方(不是后指),以便使拍头有足够的加速空间。后引的不仅是球拍,更重要的是身体。可以直线后引,也可以小弧线后引和大弧线后引。后引时,身体要作为整体右转,重心向右脚转移,并随重心移动曲膝。以右髋带动右肩向上,同时带动手臂运动。这种手铐式的后引,必须在初学时加强练习。初学者可以通过这种方式使肩部转动。注意后引不是越早越好,要尽量使整个过程连贯(参见图 2-21)。

后引结束时,身体侧对球网,如果是开放或半开放站位,应该注意髋关节的转动角度小于肩,使身体有上了发条的感觉。重心在右脚,双膝弯曲,右肩高于左肩,拍头在体前,留出了运动空间,并高于肘部,从球网看过来,肘在身体后方,肘及拍头不应超过背。拍面关闭。

3. 下降和收缩

下降和收缩是两组动作。下降与后引的转换点在肩部向下运动的开始,髋带肩部向下的运动带动手臂向下,重心向左脚转移,手腕放松,使其逐渐后翻。当拍长轴与地面平行时,恰好使拍底托对向来球(图 3-1)。

图 3-1

收缩动作的开始点,是拍长轴与地面平行时。这时,右腿开始蹬地,同时左髋向前上方顶出,带动左肩上提。手腕保持后翻,拍底托对向来球,肘部向身体收缩。像拖绳子一样拖动球拍。直至肘与肩在同一垂线上,这时肘在身体的平面前,有一个自然的距离,不要太远也不要太近,练习时可以在腋下夹一下网球。球拍的前移是由于肘部收缩引起的,速度较慢。

这个阶段的身体转动是由于肩部下降和肘部收缩引起的,幅度不大。过早地转肩会大大影响击球质量。这个阶段的目的是把支撑点稳定地前移,同时继续保持肌肉的力量积蓄,为加速做好体位上的准备,并形成稳定的基础,在高速击球的同时应保持很好的控制。如果这两个环节缺少一个,都会造成发力点位置不当。

如果我们看职业运动员的正手击球,就会觉得,他们的球拍移动开始时速度并不快而后突然加速，打出有力量和控制的击球。但业余选手击球时，球拍移动一开始就很快，打出的球却缺乏力量和控制。这就是肩部下降和肘部收缩没有处理好、发力点位置不当造成的。

4. 加速和击球

这是决定击球速度和准确性的最重要阶段，前面的一切都是为此做准备的。我们知道，人体大肌肉群的动作有力、稳定，而小肌肉群的动作则灵活、准确。

为了更清楚这个理论，大家可以做个试验：将肘贴于肋部，小臂不动，快速来回转肩数次，注意手的运动速度；再以同样的姿势，肩部不动挥动小臂数次，注意手的运动速度，可以发现小臂挥动时，手的运动速度更快。现代网球正手的多段式前挥就是基于这样的原理，充分利用两种肌肉群的优势。

这个阶段分为加速和击球两个动作，当肘部收缩至肩的垂直的时候，进入加速击球阶段(图 3-2)。

图 3-2

加速动作是靠身体重心的前移，更多的是身体相关部位转动。转肩为开始，左腿开始蹬地，肩部用力转动带动球拍加速运动。当身体快与网平行时，继续转肩，大臂转动，带动小臂前挥。抓紧球拍，收紧手腕。这个过程要有很好的时间控制。过早或过晚地挥动小臂都会使速度和控制受到影响，关键是使击球时拍速达到最大，并使拍面在击球点前和击球点后的一段距离与击球方向垂直。注意小臂的挥动是由大臂的旋转带动的。

击球动作实际上和加速动作是一个整体，分离出来是为了强调击球是对球的控制和击球瞬间的动作。击球时手腕后翻并固定，抓紧球拍。击球时，拍头略低于手腕，拍面与地面垂直。右髋向前上顶出并带动右肩向前上方运动。从下向上击球，球拍长轴随势逆针转动，以产生上旋。球拍关闭会使击球力量下降。为了更好地发力，要将击球点想象成击球点前面一点，上旋要适当，如果上旋过少就很容易失误，但也不是上旋越多就越好。过度上旋会使球速下降。在击球过程中，要保持肘部的稳定，肘部、肩的位置基本不变，这是发力和稳定击球的重要条件。

应该注意，决定上旋的因素是球拍轨迹与场面的夹角以及拍长轴逆时针运动的角速度；决定击球准确性的是拍头轨迹在地平面上的半径，半径越大，线路就越直；决定球速的是击球时的拍速。有一种错误观点认为，击球的速度决定于击球的力量，而击球的力量与击球的速度无关，击球时应该加力而不应该加速，击球时要用球拍吃住球而对球加以控制。这种说法不符合基本的物理学原理。还有一种错误观点认为，球拍在击球时是应该关闭的，这样才能压住球，并能产生更多的上旋。其实这样做除了损耗击球的力量以外，没有什么好处。在我们这里所有的例子中，击球时球拍都是与地面垂直的。

5. 随挥

随挥不仅是击球后的惯性运动，能保护身体，而且对击球的质量也有很大影响。随挥时，肩、肘继续向前上方运动，结束时右肩侧对球网，右肩高于左肩。右脚向前跟进。收拍头的位置根据握拍方式的不同而不同。越偏向西方，上旋越多，拍头越低（图 3-3）。

图 3-3

身体部位的发力顺序：腿、髋、肩、大臂、小臂。只有发力顺序正确了，击球的质量才能得到保证。

6. 结论

下降和收缩是为了充分发挥加速的作用并提高稳定性和准确性。击球的力量决定拍速，多段式正手前挥可以大大提高拍速。发力的正确顺序非常重要，而时间因人而异，只有通过反复练习才能掌握。尽量加大球拍轨迹在水平面上的半径，以提高准确性。上旋是必须的，但不一定是较强较好的。应该尽量使击球成为一个连贯的过程。

二、当前流行的战术思想

（一）力量、技术孰轻孰重

当前网坛似乎不再推崇"技术型打法"，而是更注重于谁能把球打得更深、更有力量的较量上。简单干脆的打法更奏效，大多数球员只有一套战术策略，一旦无法控制局势，他们就只能寄希望于增强击球力量，以便重新掌握主动权，但这种打法并不是明智的。

对于大多数靠技术打天下的球员来说，没有一定力量作支撑，面对力量型选手只能疲于应对。技术和力量难道是一对不可调和的矛盾吗？非也。看看费德勒、海宁，他们技术全面，身体素质也不错。

网球运动是一项手脑并用的运动项目，无论是职业球员，还是业余选手，一味追求力量而忽视技术都是无益的，只有把力量和技术有机地结合起来，才能使网球运动达到最高的境界。

（二）如何制造机会球

网球比赛中制造机会球，俗称"做球"，就是要尽量让对手只能打防守球不能起拍打进攻球。那么，如何来制造机会球呢？一般有以下几种模式：

模式一：用攻击性的重球打向对方深处。

模式二：大角度把对手拉出其所在的位置以制造空当。

模式三：打有弧度、落点深的旋转球，把对手逼到底线后的位置，迫使他回出浅球。

模式四：打对手薄弱之处，使其不能回出有质量的球。

模式五：让对手来回奔跑。

在实践中要根据对手的水平区别使用，否则会适得其反，使自己的机会变成对手的机会。模式四、五是针对中级水平球员的，如果遇到高手时要慎用，否则会为对手返回一记路线刁钻的球提供更好的机会。

（三）碰到以下机会球时如何打出制胜一球

1. 当对手打来浅的机会球时如何回击

（1）让球反弹到高点，在刚要下落的瞬间高点击球。

（2）不给对手喘息的机会，在球落地反弹上升时打反弹球。

2. 当对手来球浅且很低时如何回击

打出强有力的上旋球，然后上网截击。

3. 对飘飞来的高球如何回击

大力凌空挥击。

4. 来球虽然威力不大但自己不能及时到位时怎么办

可以使用削球。

（四）战术之一，勇敢地上网

如今发球上网的人越来越少。主张发球上网的人总是希望有更多的人选择发球上网，好像网球打法也会“轮回”发展。从博格的底线打法到麦肯罗的发球上网，然后是几名底线高手：康纳斯、伦德尔、库里埃等，最后给他们画上句号的还是发球上网高手：埃德博格、贝克尔和桑普拉斯等。

尽管眼下发球上网的人很少，但有理由相信，现在有很多优秀选手都可以发球上网。一些优秀的上网选手，如埃德博格和桑普拉斯等,他们常常在对手不知不觉中跑到发球区内截击。

那么,今后的趋势是否又到了发球上网的"轮回"了呢?这就取决于教练员了。一般情况是,当教练员看到大多数网球高手都是靠底线抽击赢球时,他们肯定也让他的队员老实地呆在底线上;只有当教练员们发现发球上网普遍流行时,他们才敢于将他的球员送到网前去。

(五)网球技术、战术环节和目的重要性排序

网球技术、战术环节和目的重要性排序,对于初学者来说具有一定的指导意义。现在一般是这样认为的:

1. 过网

最基础的层次就是将球打过网,即使有一些出界也没关系,尽量不要下网。

2. 深度

将球打得尽可能深,落点要尽量在底线和发球线之间。

3. 方向

有把握打出自己想要的角度和方向,学着打落点。

4. 旋转

能打出程度不同的旋转变化,上旋球很重要,下旋削球也是必需的基本功。两种旋转结合使用,再不时地使用一些飘球或者侧旋球,这样往往会令对手感到手足无措、无可奈何。

5. 力量

力量应该是基础技术、战术控制好以后再追求的东西,而且力量的掌握更多的还在于节奏和控制感。

(六)几种战术绝招

1. 调动不喜欢跑动的人,而不是有耐心的人

调动战术,所要针对的是那些倚仗正手或其他某种攻击利器,而不喜欢频繁跑动的人。对于那些在跑动中越战越勇的对手不能使用这一招,对他们倒不如将球打向中部、打深,再伺机变招打出

大角度或把他们调到网前，尽量使对手在跑动中击球，不让对手找到进攻节奏。

2. 不让对手看到你球路的规律性和熟悉你的打法

不要让对手对你的球路有准确的判断。你需要有变化：在高度、旋转、速度、方向、力量上都尽量让对手难以琢磨。

3. 掌握高球

把对手“锁定”在后场，要打出又高又深又有强烈上旋的高球，这对那些缺乏耐心的对手是极为有效的战术思想。

4. 一发保证进区

即使软弱的有效一发也会提高得分的可能。在每次练习中最后额外加练100个发球，最好发上旋球或切削发球，旨在提高控制落点的能力。

5. 接二发上前一步

要让对手为一发失误付出代价，上前一步是一个有效手段。如果这时对手想发力把你逼回去，也许一两次会得手，但双误定会增加，一发也会受到影响。

6. 不要追求接发球直接得分

即使面对一位发球上网选手，接发球打斜线也是最安全的路径。在很多情况下，试图接发球得分或得到很大优势的想法很容易失误。

7. 控制情绪

一些运动心理学专家致力于唤起运动员的正面情绪，如握拳、喊叫，像休伊特、纳达尔、莎拉波娃等人富有个性的庆祝、宣泄动作；不过也有负面作用，因为一旦没有或减弱了那种正面的嚣张、宣泄就会带来一种负面暗示。其实不暴露情绪才不失为一种更简洁有效的方式，博格、费德勒就是这样的典范。

8. 前后场调动对手

当形势处于被动时，前后调动也是一法，即用一个小球到网前，然后马上用一个又高又深的球到后场，这对于稳定、技术更精湛的对手可能没有作用，但是如果对手没那么强就会有效。只要对手失去平静和习惯的东西，在赛场上什么事都可能会发生。网球是一项“看起来强一些的人”并不总能赢的运动。那些技术之外的东西：冷静、沉着、耐心、敏感甚至“狡猾”，都是获得胜利不可或缺的东西。锤炼和具备这些品质，很快就会使你成为一位高手。

（七）提高双打水平的窍门

1. 掌握并运用中心论

双打的中间地带，既是两个人都要管的地方，又似乎是都可以不管的地方。在双打中，运用中心论应该是最基本的原则。

所谓中心论，并不是说一切球都以中心为目标，它更看重通过“中心”为攻击创造条件。比如发球到中心区，本方网前同伴向中间靠拢，使对方接发回球的路线范围变窄。由于受到网前压迫，对方不得不冒很大的险强行发动攻击，这样往往不是失误就是给本方创造机会。因此，果断地朝中间打，当对方回球效果不好时，再以决定性的一击打向边区，这才是中心论的精髓。

需要强调的是，球员瞄向中心区击球，不能仅仅打入场内就了事，必须是扎实、清晰的击球。如果打出没有攻击性的球，反而容易遭到对方攻击。中心论所谓“清晰”的击球指的是：

① 果断的、有攻击性的击球；② 尽可能使用平击球打法；③ 挑出让对手触不到的高球；④ 在只能削球时选择挑高球；⑤ 在近网截击球时，尽可能截向对方脚下。

2. 发球攻击

双打必须掌握从发球开始就进攻的技术。发球要点是球员要尽可能地将球抛到前上方。但注意不能因为着急上网就边击球边前移，这样身体就会因前倾而失去平衡，不利于发球的稳定，应该在完成击球之后再向前起动。

球员在发球后的身体姿势会有些前倾，以这个姿势顺势向前跑动时要注意视线稳定保持在一条线上，这样可以有效地抑制多余动作。发球时要把发快速球、慢速球、边线球和发中心线球结合使用，根据自己的发球类型判断回球路线，并站好位置。

3. 接发球上网

接发球时由于球员要尽快向网前靠近，挥拍过大起动就慢，同时导致挥拍过晚。另外，接发球回球打对手脚下，如果球员能够打出过网急坠球，对方的回球通常就会偏高，这样就为自己创造了机会球。接发球上网要想对准中心区或边线左右攻击是有难度的，需要球员具备特别娴熟的技术，所以应首选集中精力朝发球人脚下打过网急坠球。

4. 直线进攻

球员在接发球时瞄准对方网前选手打直线攻击，这一击并不一定非要得分，主要是为了破坏对方战术，最好打出有速度的平击球，直冲对方，不要让对方抓住机会。当然最好不要让对手看出你的意图。

5. 截击放高球

双打通常是越靠近网越能创造对本方有利的局势。当场上四人都在前场截击对打时，最好边截击边贴近网。当对手贴到网前时，对本方威胁自然很大，这时有一种可以“起死回生”的打法，就是截击放高球。要想放高球成功，必须判断对手中哪一个更近网，然后跳过其头顶上方。

截击放高球的技术要点是，球员在击球时拍面要稍稍打开，击球后将拍面向上稍提起，完成随挥动作。截击击球点是在球员腰部靠下一点的位置，所以膝关节弯曲程度一定要合适。

6. 澳式站位

目前，澳式站位是职业选手使用较多的站位方式。所谓澳式站位是当本方发球时，网前选手站到了中心线附近，两人之间连成一条基本与网垂直的直线。这种站位的主要目的是封堵对方擅长的斜线接发球，从站位上就告诉对方“此路不通，请改变路线”。

澳式站位要和同伴预先约定好移动方向，注意不要让对手看出自己向哪个方向移动，同时又要飞快地移动到位。为了不妨碍发球，网前选手需要以全蹲姿势做好准备，但要在发球人击球之前快速移动到预定的位置，所以起动时机十分关键，移动过早易被对方识破，过晚来不及对球作出反应，所以要反复练习一步跨出的步法。此外，如果再用假动作迷惑对手就会有更好的效果。对于发球选手，基本策略就是把球发到中心区，然后向网前选手移动的相反方向冲跑。

第四章　网球竞赛规则与裁判方法

第一节　网球场地等规定和网球竞赛规则

一、场地、球与球拍的规定

网球运动能发展到今天这样精彩纷呈，场地、器材方面的改良和创新是一个重要的推动因素。掌握了一些网球基本的技术、战术以后，初学者应该再来了解一些有关场地、器材方面的知识，这对于提高网球技术水平和网球欣赏水平都很有价值。

（一）网球场地的特性

在欣赏一场比赛或者欣赏一名球员的表演时，网球场总是充当着“大舞台、大背景”的角色，球员与球场的环境、设施，地表的颜色、质地等融合在一起，相互映衬，带给观众很好的视觉享受。此外，不同质地的网球场更给球员提供了各种发挥技艺、展现风采的天地，不同的球场更造就了各种类型、各种风格的选手。草地，古典而优雅，虽然球员在疾风暴雨般的撕杀、争夺时全然没有绅士、淑女般的矜持，但隐约透露的仍是大家风范与气度；红土地，凝重而深沉，在不屈不挠的搏杀、奔跑中蕴涵的是球员对胜利的渴望；硬地，跳跃而多彩，充斥着无拘无束的天性，放任着球员驰骋天地的幻想。网球运动员是很幸运的，因为他们有机会体验如此迥异的感受。画家不能不知道自己面对的是宣纸还是画布，打网球的人同样不能不知道自己是在什么样的球场上打球，而看球的人若不了解网球场地的特点与规则，就等于失掉了与球员同生死、共命运的相通之感，也就缺少了与球员进行交流的语言。

(二) 场地的规定

1. 场地

标准的网球场地应为长 78 英尺(23.77 米)、宽 27 英尺(8.23 米，双打为 10.97 米)的矩形。图 4-1 为网球单、双打比赛场地示意图。

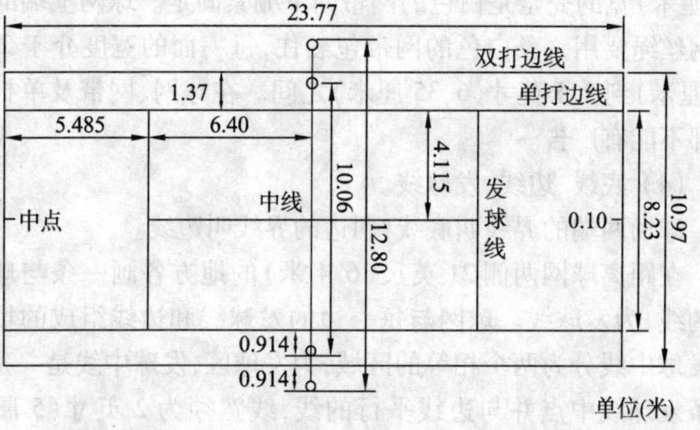

图 4-1

(1) 球网、网柱。

场地中间由一条挂在最大直径为 1/3 英寸(0.8 厘米)粗的绳索或钢丝绳上的球网分开。网的两端应附着在或挂在两个网柱顶端，网柱应为边长不超过 6 英寸(15 厘米)的正方形方柱或直径为 6 英寸(15 厘米)的圆柱。网柱不能超过网绳顶端 1 英寸(2.5 厘米)。每侧网柱的中点应距场地 3 英尺(0.914 米)，网柱的高度应使网绳或钢丝绳顶端距地面的垂直距离为 3 英尺 6 英寸(1.07 米)。

(2) 单打支杆。

在单、双打两用场地上悬挂双打球网进行单打比赛时，球网应该由两根高度为3英尺6英寸(1.07米)的“单打支杆”支撑,该支杆截面应是边长小于3英寸(7.5厘米)的正方形方柱或直径小于3英寸(7.5厘米)的圆柱。每侧单打支杆的中点应距单打边线3英尺(0.914米)。

(3) 网绳、钢丝绳、网带。

球网需要充分拉开,以便能够有效填补两根支柱之间的空间,并有效打开所有网孔,网孔大小以能防止球从球网中间穿过为准。球网中点的高度应该是3英尺(0.914米),并且用不超过2英寸(5厘米)宽的完全是白色的网带向下绷紧固定。球网上端的网绳或钢丝绳要用一条白色的网带包裹住,每一面的宽度介于2英寸(5厘米)到2.5英寸(6.35厘米)之间。在球网、网带及单打支杆上都不能有广告。

(4) 底线、边线、发球线。

球场两端的界线叫底线,两边的界线叫边线。

在距离球网两侧21英尺(6.4米)的地方各画一条与球网平行的线,为发球线。球网与每一边的发球线和边线组成的场地再被发球中线分为两个相等的区域,为发球区,发球中线是一条连接两条发球线中点并与边线平行的线,线宽须为2英寸(5厘米)。每一条底线都被一条长4英寸(10厘米)、宽2英寸(5厘米)的发球中线的假定延长线分为相等的两个部分,由一条短线分隔,该短线为“中点”,它与所处的底线呈直角相连,自底线向场内画。除了底线的最大宽度可以不超过4英寸(10厘米)以外,所有其他线的宽度均应在1英寸(2.5厘米)到2英寸(5厘米)之间。所有的测量都应以线的外沿为准。

如果广告位于球场后侧司线的椅子后面,则广告中不能包括白色或黄色。浅色只有在不干扰球员视线的情况下才被允许使用。

(5) 有关说明。

国际网球联合会(ITF)说明1：在戴维斯杯、联合会杯和国际网联主办的巡回赛中，对于底线后侧和边线两侧区域大小的具体要求分别包括在各项赛事的相关条款中。

说明2：对于俱乐部和业余选手而言，底线后侧场地距离至少为18英尺(5.5米)，边线侧面距离至少为10英尺(3.05米)。

2. 永久固定物

网球场地上的永久固定物不只包括球网、网柱、单打支杆、网绳、钢丝绳、中心带及网带，以下事物也算永久固定物：如球场四侧的挡板、看台、环绕球场固定的或可移动的椅子，观众，以及所有场地周围和上方的配套设施，还有出于各自预定位置的裁判、司网裁判、脚误裁判、司线员和球童。

ITF说明：为了充分执行规则，"裁判员"的含义为坐在球场裁判席上的裁判，以及所有在比赛中协助裁判执法的工作人员。

(三) 场地的种类

1. 草地

草地是历史最悠久、最具传统意味的一种场地。由于它对草的特质、规格要求极高，而适宜的草籽又不具备良好的适应性，加之气候的限制以及草地需要极周到、细致的保养与维护，费用昂贵，因而此种球场(特别是对用作正规比赛的草地网球场)很难被推广到世界各地。目前，每年的寥寥几个草地职业网球赛事几乎都是在英伦三岛上举行，且时间集中在六七月份，温布尔登锦标赛是其中最古老也最负盛名的一项赛事。

草地球场的特点是球落地时与地面的摩擦小，球的反弹速度快，对球员的反应灵敏度、奔跑速度、奔跑技巧等要求非常高；同时球员也利用此特点大打"攻势网球"，发球上网、随击上网等各种上网强攻战术几乎被视为在草地网球场上致胜的惟一法宝，底线型选手在草地网球场则常常无功而返。

2. 人造草地

人造草地是天然草场的仿效物,其结构有点儿像地毯,只不过底层是尼龙编织物,其上栽植的是束状尼龙短纤维,为了保持纤维的直立性,纤维之间以细砂为填充物。这种场地需要平整、坚固的基底,附设有良好的排水结构,并且,因其白色界线是与周围场地直接拼编在一起的,所以免去了许多诸如画线等维护上的麻烦,也使其成为了全天候场地的一种,维护者只需经常梳平整理并适时增添其间的细砂就可以了。

3. 软性场地

软性场地是不被人熟知的一个名字,但若提到法国公开赛的红土球场,人们立即就不会陌生了,它是"软性球场"最典型的代表。另外,常见的各种砂地、泥地等都可称为软性场地。

此种场地不是非常坚硬,地表铺有一层细砂或砖粉末,其特点是球落地时与地面有较大的摩擦,球速比较慢,球员在跑动中,特别是在急停急回时会有很大的滑动余地,这就决定了球员必须具备比在其他场地上更优良的意志品质和更出色的奔跑、移动能力,否则很难取胜。在这种场地上比赛对球员是极大的考验,考验其在底线相持的功夫。球员一般要付出更多的汗水及耐心在底线与对手周旋,获胜的往往不是频繁上网者,而是在底线艰苦奋斗的一方。值得一提的是,砂地或泥地网球场虽然造价比较低,但保养和维护起来却是相当麻烦的,它平时需要浇水、拉平、画线、扫线,雨天过后需要平整、滚压,等等。因此,打球的人更应该对场地及场地上的一切设施备加爱护。

4. 硬地

硬地是最普通的一种场地了,经常打网球的人没有不熟悉此种场地的。它一般由水泥和沥青铺垫而成,其上涂有红、绿等漂亮的颜料或铺有一层高级塑胶面层,其表面平整、硬度高,球的弹跳非常有规律,反弹速度很快。此类场地平时易于清扫和维护,基本上用不着很精心的照顾。许多公共网球场都采用这种硬地球场。

需注意的是,硬地不如其他质地的场地弹性好,初学者在硬地上练球时应加强对自己的保护,特别是膝、踝关节,否则,一旦奔跑、移动的方法不正确,地表的反作用又很强很僵硬,比较容易对初学者身体的一些部位造成伤害。自我保护的办法是:球员时刻保持膝关节的弯曲,以便随时依靠膝关节的升降和缓冲,抵减来自于地面的反作用力;奔跑时重心落在前脚掌上,以使整个身体更有弹性;变向跑动时也尽可能地降低自己的重心。

5. 合成塑胶场

合成塑胶场地的材质与塑胶田径跑道的材质属同类,它以钢筋混凝土或其他类似的材质结构为基底,表面铺有合成塑胶颗粒,其间以专用胶水相粘。这种场地的弹性及硬度由塑胶颗粒的大小、铺撒的紧密程度及其本身的特质而定。塑胶场地颜色艳丽,管理方便,室内外皆可铺设,是可供选择的理想的公共球场。

6. 网球地毯

顾名思义,网球地毯是一种"便携式"可卷起的网球场,其表面是塑胶面层、尼龙编织面层等,一般用专门的胶水粘接于具有一定强度和硬度的沥青、水泥、混凝土底基的地面上即可,有的甚至可以直接铺展或粘接于任何有支持力的地面上,其铺卷方便、适于运输且有非常强的适应性,室内外甚至屋顶都可采用。球的速度需视场地表面的平整度及地毯表面的粗糙程度而定。此种场地在保养上也是非常简单的,只要保持地面清洁,不破损,不积水(有相应的排水设施配套)就可以了。

以上几种球场都是人们很熟悉的,除此之外还有专门供儿童用的小球场,在此不多做介绍。

(四) 球与球拍的规定

1. 球

场上用的网球颜色为白色或黄色,外部由均匀无缝的羊毛和纺织材料的混合物质统一包裹，接缝处无缝合痕迹。圆形，具有弹性。

(1) 球的重量。

网球的尺寸需要符合“网球规则”的要求(球的检测在“网球规则”的第三条中有具体说明)，重量要介于2盎司(56.7克)和2.0625盎司(58.5克)之间。

(2) 球的反弹高度。

在从100英寸(254厘米)的高度向混凝土地面作自由落体运动时，反弹的高度应该介于53英寸(134.62厘米)和58英寸(147.32厘米)之间。

(3) 球的尺寸和形变。

当在球上施加18磅(8.165公斤)的压力时，球向内发生的弹性形变应该介于0.22英寸(0.559厘米)和0.29英寸(0.737厘米)之间，压缩后反弹形变的范围应该介于0.315英寸(0.8厘米)和0.425英寸(1.08厘米)之间。这两种形变数据应该是以球的三个轴测试后得到的平均值。在任何情况下，任何两个数据之间的差异都不能大于0.03英寸(0.076厘米)。

如果在海拔4 000英尺(1 219米)及以上的高度进行比赛，就需要采用另外两种特殊用球。第一种是除弹跳高度要介于48英寸(121.92厘米)和53英寸(134.62厘米)以外，还要使球的内压大于外部气压，其他方面则与上面的描述完全相同，这种球通常被称为“增压球”；第二种球除弹跳高度要在53英寸(134.62厘米)和58英寸(147.32厘米)之间外，还要使球的内压大约等于外部的气压，并且能在指定的比赛场地的海拔高度保持60天以上，其他方面则与上面的描述完全相同，这种球通常被称为“零压球”或“无压球”。

所有关于球弹跳、尺寸和形变的测试，都需要符合“网球规则”中的相关规定。

国际网球联合会将对关于某种球或样品是否符合上述标准，或是否可以被批准用于比赛的问题进行裁决。这种裁决有可能是国际网联本身主动进行的行为，也可以依据所有真正感兴趣的人，包括任何选手、器材生产厂商或国家网球协会及其会员的申请来进行。这类申请与裁决应该按照国际网联的审查与听证程序来进行。

ITF 说明：所有按照国际网联制定的"网球规则"而举行的比赛中所使用的网球，必须列在由国际网联颁布的 ITF 官方批准用球的名单上。

2. 球拍

球拍为带长柄的椭园形框子，框上用羊肠弦、牛筋弦或尼龙线穿织成拍面。球拍框子可用木质材料、轻质金属或石墨制成。拍柄圆周为 11.4～12.7 厘米。球拍的重量男子为 368.6～396.9 克，女子为 340.2～368.6 克。

所有不符合要求的球拍均不允许在按照国际网联制定的"网球规则"而举行的比赛中使用，这些要求包括：

（1）球拍的击球面应该是平坦的，由连接在球拍框上的拍弦组成统一纹路，拍弦在交叉的地方应该是相互交织或相互结合的；拍弦所组成的式样应该大体一致，中央的密度特别不能小于其他区域的密度。球拍的设计和穿弦应使球拍正反两侧在击球时的性质大体保持一致。

（2）拍弦上不应有附属物或突出物，除非该附属物仅仅是并且非常明确地是用来限制和防止拍弦磨损、撕拉或振动的，而且它的尺寸以及位置也必须是合理的。

（3）球拍拍框的总长度（包括拍柄）不能超过 32 英寸（81.28 厘米）。拍框的总宽度不能超过 12.5 英寸（31.75 厘米）。穿弦平面的总长度不能超过 15.5 英寸（39.37 厘米），总宽度不能超过 11.5 英寸（29.21 厘米）。

(4) 拍框包括拍柄都不能有附属物和装置,除非该附属物仅仅是并且非常明确地是用来限制和防止球拍磨损、破裂、振动或是用来调整重量分布的,而且它的尺寸以及位置也必须是合理的。

二、竞赛规则

(一) 一般规则

1. 比赛

网球比赛分为单打和双打两种形式。球员用网球拍将球击过网,落入对方的网球场地上。每个球员的目的都是尽力将球打到对方的场地上去。就这样一来一回,直到有一方将球打出界或没有接到球为止。

2. 发球

在网球正式比赛前,需要确定比赛由谁先发球。整个比赛中,双方球员以局为单位轮流发球。

3. 失误

如果球落在对方发球区外,比如球出线或触网,都称之为失误,发球员就要再次发球。落在边界上的球算在线内。若发球两次失误,就叫"双误",那对手就赢1分。如果发球员在发球时脚离开了原基线,也算失误。要是发球触网,但球仍落进了对方的发球区,则为重发球。

4. 局

网球每局的开始比分是0∶0,第一分球记为15,所以,若发球员赢了这分球,比分就变为15∶0,若接球员赢了这分球,比分就为0∶15(比号"∶"前面给出的是发球员的分数)。球员的第二分球为30,接下来为40(在历史上,这些数字代表1/4小时,即15,30,45,但45后来改为40)。若对方球员只有30或还少于30的话,那下一个球就能赢了这一局,因为每局比赛中,至少要比对手多2分球才能结束该局比赛。如果双方球员都达到了40,此时称为“局末平分”。随着接下来的这一分,占先的球员会尽力领先2分,以赢得这一局。同时,紧追不舍的对手也会努力扳平分数,又达到“局末平分”,占先的球员赢了下1分,也就赢了这一局。

5. 盘

网球比赛中如果对手落后至少两局,那么先赢得6局的球员就赢了一盘。但是,若这盘是6∶5,那么双方就要再打一局。若占先者赢了,即该盘比分为7∶5,判占先者赢得此盘。然而,若另一个球员把这盘扳为6∶6平,那就由决胜局(抢7局)决定谁为胜者。

6. 赛

在网球3盘赛中,先赢得2盘者为胜者,即为3盘2胜;在5盘赛中,先赢得3盘者为胜者,即为5盘3胜。决胜局(抢7局):在决胜局中,本该论到发球的球员要先发第1分球,对手接着发第2、3分球,然后双方轮流发2分球。先得7分的球员若至少领先了对方2分,那么他就赢了该盘比赛。每6分球和决胜局结束都要交换场地。不过也有例外,如果按照事先的约定,比赛采取长盘制,则没有决胜局,只有比对方多胜两局才能赢得该盘比赛。在亚特兰大奥运会的比赛中,澳大利亚的“双伍”兄弟曾在半决赛中与对手战成18∶16的高比分,最终他们获得了金牌。

(二) 通则

1. 失分

发生下列任何一种情况,均判失分。

(1) 在球第二次着地前,未能还击过网。

(2) 还击的球触及对方场区界线以外的地面、固定物或其他物件。

(3) 还击空中球失败。

(4) 故意用球拍触球超过一次。

(5) 运动员的身体、球拍在击球期间触及球网。

(6) 过网击球。

(7) 抛拍击球。

(8) 发球双误。

(三) 发球规则

1. 发球前的规定

发球员在发球前应先站在端线后、中点和边线的假定延长线之间的区域里,用手将球向空中任何方向抛起,在球接触地面以前,用球拍击球(仅能用一只手的运动员,可用球拍将球抛起)。球拍与球接触时,就算完成发球。

2. 发球时的规定

发球员在整个发球动作中,不得通过行走或跑动改变原站的位置,两脚只准站在规定位置,不得触及其他区域。

3. 发球员的位置

(1) 每局开始,先从右区端线后发球,得或失 1 分后,应换到左区发球。

(2) 发出的球应从网上越过,落到对角的对方发球区内,或其周围的线上。

4. 发球失误

未击中球;发出的球,在落地前触及固定物(球网、中心带和网边白布除外);违反发球站位规定。发球员第一次发球失误后,应在原发位置上进行第二次发球。

5. 发球无效

发球触网后,仍然落到对方发球区内,或接球员未作好接球准备,均应重新发球。

6. 交换发球

第一局比赛终了,接球员成为发球员,发球员成为接球员。以后每局终了,双方均依次互相交换,直至比赛结束。

（四）其他规则

（1）落在线上的任何球（压线球）都算做界内球。

（2）除了发球以外，触网和触网后又落入球场正确区域的球均有效。

（3）球员在回击球时，可把球击在网和固定物周围，甚至低于网的最上方。只要球最终着地在对方球场的适当位置，均为好球。

（4）发球后，对方接发时必须在球落地一次后，才能击球。而其他时侯回球时，则可在落地一次或未落地时进行。

（5）在每一盘的奇数局结束后，双方运动员可以进行短暂的休息，然后交换场地继续进行比赛。

（五）记分规则

网球比赛一般分为单打和双打比赛。每场比赛有数盘，每一盘有数局，每一局由数分组成。男子比赛大多以五盘为主，有些男子比赛及所有的女子比赛以三盘决出胜负。以下分别为分、局、盘、赛的计分方法。

1. 胜 1 分

遇到下列任何一种情况时，均判对方胜 1 分：

（1）发球员连续两次发球失误或脚误时。

（2）接球员在发来的球没有着地前用球拍击球，或球触及自己的身体及所穿戴的衣物时。

（3）在球第二次落地前未能还击过网时。

（4）还击球触及对方场区界线以外的地面、固定物或其他物件时。

（5）还击空中球失败时。

（6）在比赛中，击球员故意用球拍拖带或接住球，或故意用球拍触球超过一次时。

（7）“活球”期间运动员的身体、球拍（不论是否握在手中）或穿戴的其他物件触及球网、网柱、单打支柱、网绳或钢丝绳、中心带、网边白布或对方场区以内的场地地面时。

(8) 还击尚未过网的空中球(过网击球)时。

(9) 除握在手中(不论单手或双手)的球拍外,运动员的身体或穿戴的物体触球时。

(10) 抛拍击球时。

(11) 比赛进行中,运动员故意改变其球拍形状时。

2. 胜 1 局

运动员每胜 1 球得 1 分,先胜 4 分者胜 1 局。但遇到双方各得 3 分时,则为“平分”(duece)。“平分”后,一方先得 1 分时,为“接球占先”(advantage serve)或“发球占先”(advantage)。占先后再得 1 分,才算胜一局[其中得 1 分为 fifteen(15),2 分为 thirty(30),3 分为 forty(40)]。

3. 胜 1 盘

一方先胜 6 局为胜 1 盘,但遇到双方各得 5 局时,一方必须净胜 2 局才算胜 1 盘。

4. 决胜局计分制

在每盘的局数为 6 : 6 平局时,有以下两种计分制。

(1) 长盘制:一方净胜两局为胜 1 盘。

(2) 短盘制:除决胜盘之外,除非赛前另有规定,一般应按以下办法执行。

① 先得 7 分者为胜该局及该盘(若分数为 6 平时,一方须净胜 2 分)。

② 首先发球员发第 1 分球,对方发第 2、3 分球,然后轮流发 2 分球,直到比赛结束。

③ 第 1 分球在右区发,第 2 分球在左区发,第 3 分球在右区发。

④ 每 6 分球和决胜局结束都要交换场地。

5. 短盘制的计分

(1) 第1个球(0:0),发球员A发1分球,1分球之后换发球。

(2) 第2、3个球(报1:0或0:1,不报15:0或0:15),由发球员B发球,B连发2分球后换发球,先从左区发球。

(3) 第4、5个球(报3:0或1:2、2:1,不报40:0或15:30、30:15),由A发球,A连发两球后换发球,先从左区发球。

(4) 第6、7个球(报3:3或2:4、4:2或1:5、5:1或6:0、0:6),由B发1分球之后交换场地,若比赛未结束,B继续发第7个球。

(5) 比分打到5:5、6:6、7:7、8:8……时,需连胜2分才能决定谁为胜方。但在记分表上则统一写为7:6。

(6) 决胜局打完之后,双方队员交换场地。

第二节 网球竞赛裁判方法

(一) 裁判员规则

比赛时如果设裁判员,裁判员的判定就是最后的判定。比赛时如果设有裁判长,运动员如果对裁判员涉及有关规则判定有异议,可提请裁判长解决,裁判长的判定就是最后的判定。

比赛中如果设有司线员、司网和脚误裁判员等辅助人员时,对于具体发生的事例,他们的判定就是最后的判定。如果裁判员认为是明显误判,他有权纠正辅助人员的判定或指令该分重赛。当辅助人员不能作出判定时,应立即向裁判员示意,由裁判员作出判定。如果裁判员对于具体发生的事也不能作出判定时,可判令该分重赛。

在团体赛中，球场上的裁判长有权更改任何判决，他还可以指示裁判员判该分重赛。

裁判长认为天色黑暗或因场地、气候等条件不能继续比赛时，可令比赛停止。补赛时双方运动员的原有比分和原站方位仍然有效。

下面详细谈一谈裁判长的职责，主裁判员、司线员、网上裁判员、脚误裁判员的职责及其注意事项。

1. 裁判长职责

(1) 裁判长应由竞赛委员会推选，裁判长的名字应由竞赛委员会发布公告通知参加比赛的各单位。裁判长不应是官员，他应是竞赛委员会的成员。

(2) 裁判长必须精通规则并能实施运用规则，要能迅速作出决定，并对其所采取的行动负完全责任。

(3) 裁判长有权指定或更换裁判员、司线员、底线裁判员和网上裁判员。

(4) 如果一场未进行完的比赛需要重赛，裁判长可以在征得比赛双方的同意后，作出仲裁或继续比赛的决定。

(5) 裁判长有权指定比赛的场地，有权决定请假运动员在限定日期比赛。裁判长有权决定无故不出场比赛的运动员和经过点名而不准备出场比赛的运动员为负方。

(6) 由于天黑或是场地、气候等条件的原因，裁判长可以随时决定延期比赛。

(7) 当裁判员表示自己不能裁决时，裁判长可以根据规则条文决定任何得分。裁判长的决定是最后的判定。

(8) 当一场重要比赛在进行时，或者当决赛在进行时，裁判长必须亲临现场，最好是坐在裁判椅旁边。他应当对比赛中发生的任何事情保持密切关注，如果运动员要求明确某些事实，这时他就能以此作为判决问题的依据。裁判长无权纠正裁判员、司线员、底线裁判员或网上裁判员根据实际情况作出的判决。

(9) 竞赛委员会应在现场维护比赛的正常秩序,并对比赛中发生的任何问题作出决定,此时可以组织裁判员或竞赛委员会成员开会;开会时,在听取当事运动员申诉后,可以取消竞赛委员会某一成员或某一裁判员对其处分的决定。竞赛委员会几个成员在现场可组成一个合乎法定人数的审议小组。

2. 主裁判员职责

主裁判员赛前要准备以下基本工具:记分表、带橡皮的铅笔、手携式秒表、挑边器(硬币)、量网(卷)尺。

(1) 比赛开始前检查球网和支柱的高度是否合乎标准。如果运动员提出请求,裁判员可以在比赛期间测量和调整网高。当裁判员检查球网高度时,他所担负的裁判职责就算开始了,这项工作就是裁判员到达球场时规定的第一项职责。

(2) 比赛运动员可以向裁判长请求更换担任该场比赛的裁判员或司线员。主裁判员不能命令更换任何司线员,他只能在得到裁判长的同意后采取某些行动。

(3) 当运动员做准备活动时,裁判员要环视一下赛场周围,看一看担任该场裁判的其他成员是否就位,如果发现有人缺席,应立即向裁判长或竞赛委员会报告。如果需要的话,可暂停比赛。

(4) 当运动员 3 分钟的准备活动时间结束时,裁判员应宣布谁对谁比赛及他们在比赛中为第几号种子,如果是团体赛,则应报某队与某队比赛,并宣布采用几盘几胜制。接着报第一局某某先发球,司线员准备、球童准备、运动员准备——比赛开始。

(5) 宣报"发球失误、重发球、出界、击球犯规、脚误和两跳",以及除授权给司线员、脚误裁判员和网上裁判员以外的判罚。亦可重复其判决。

(6) 先在记分表上登记胜方的得分。然后在运动员请求报分时亦可报分。

(7) 每一局和每一盘比赛结束时应报局数分和盘数分,报分时应先报发球员一方的分数,平分后要报“发球占先”或“接发球占先”。不能用其他术语报分。

报局数分时应按照下列的方法报:“一局结束,第一盘,局数4:2。”

报盘数分时应按照下列的方法报:“第三盘结束,局数6:4,盘数2:1,某某领先。”

一场比赛结束时按下列方法报:“比赛结束某某胜。盘数2:1,比分2:6、6:3、6:4。”

在报盘分时,宣布该场比赛获胜者的局分。

(8) 当运动员在对打过程中质问某一个疑难球是否在界内时,裁判员可以说“好球”;当这个球足以判定是好球,直到裁判员已宣判“出界”、“失误”、“重发球”、“两跳”、“击球犯规”或“穿网球”时,运动员不可再作这样的要求。

(9) 如果运动员对司线员的判决有怀疑或有争执时,裁判员则应作出得分的判决;如果运动员向裁判员提出申诉,裁判员则应按规则规定作出得分的判决。

裁判员应根据裁判长和竞赛委员会关于网球规定的指示使用新球,在特殊情况下需用新球或需要更换球时,在得到裁判长同意后,裁判员可作出决定。

(10) 认为休息时间已结束,裁判员应立即恢复比赛。

(11) 裁判员在每局比赛开始时,应说明可能发生影响比赛的情况。

(12) 如果对司线员或脚误裁判员的判决有异议,裁判员则应根据每一个实际问题作出判决,这一判决为最后的判决。运动员不得请求复议。

如果裁判员对该分的判决表示怀疑,或某一方运动员对该分的判决提出疑问,裁判员认为有必要的话,可请裁判长对该问题作出最后决定。所提的问题应是与该场比赛有关的问题,应是在比赛中发生的有关属于解释和运用规则的实际问题。

(13) 如果运动员在第一跳后没有及时打到球,应宣布"两跳"。

按规则规定该球本应重发,然而该球仍处于比赛状态,这时只有网上裁判员可以宣布重发球。如果司线员人数不多,裁判员则应担负判定各线的失误和出界等。如果没有设脚误裁判员,裁判员则应负责判定。

(14) 由于客观原因暂停后返回球场时,裁判员应看一下司线员是否就位,比赛运动员是否位于球场上所应该站立的位置,发球顺序是否正确。

(15) 如果遇到运动员自己不能控制的情况,裁判员认为有必要的话,他可以暂停比赛,但是要小心谨慎地予以处理,故意的"延误"应从严掌握。

(16) 裁判员可以根据当时的光线、场地和气候条件推迟比赛,推迟比赛需经裁判长批准。

(17) 裁判员在比赛结束时应宣布比赛的最后结果,填写记分表并在记分表上签字,将其交还记录处或交给被指定的收表人。

裁判椅应置于球场中间,距网 1.2 ~1.5 米远的地方。司线员的椅子要对着各自所负责看管的线。脚误裁判员应距球场 3 ~4.5米;其他司线员应紧靠着挡网和布幕,位于球场尽可能远的地方。司线员不应面对阳光。

3. 司线员的职责

司线员的职责是报发球失误和出界,判决他所看管的那条线上的球,并有最后决定权。如果这一分球司线员不能作出决定,裁判员则应予判决,或令这一分球重发球。

司线员接受裁判长或竞赛委员会的指派。只有裁判长一人有权更换司线员。

司线员应准时到达比赛场地，当宣布比赛开始时，他应就位。就位后未经裁判员许可，或另一名司线员替代其职务之前，不得离开岗位。当然，在规定的休息时间内，他可以离开自己的位置。但是，当运动员回到球场时，他应准时返回其岗位。司线员在比赛时不应吸烟和随意走动，应尽量保持安静地坐下，任何移动都会干扰运动员。如果司线员认为他所处位置妨碍运动员击球，他可以尽一切努力给运动员让路，在这种情况下他可以暂时移动一下位置。司线员不应到场外给运动员捡球，这个工作应让捡球员来做；如果没有捡球员的话，这一工作应由运动员自己来做。

好的司线员应观察敏锐（图4-2）。比赛中大部分球是比较容易判断的，但是也可能会遇到难判的球，这时就要考验一个司线员的机警度和判断能力了。

“比赛时眼睛始终要盯住球”，这是司线员的座右铭。

司线员精神不集中，对正确判决的影响是致命的。和观众交谈或注意与比赛无关的事情，会使司线员发生判断失误或判决错误。底线司线员不应当与脚误裁判员讲话。

司线员必须记住：一个球落到线上，就应当被认为是落在球场之内。

图4-2

司线员可宣报自己负责处的脚误。

发球中线司线员——负责中线。

边线司线员——负责指定给他看管的那条边线。

底线司线员——在不设脚误裁判员时，负责指定给他看管的那条底线。

(1) 手势。

手势被公认为司线员职责中的一个组成部分。但是,手势绝不能用来代替宣布——手势只是司线员确定宣判的一个附加动作,对大声宣判来说,手势应被看做是第二位的。用正确的术语进行宣布则是司线员或裁判员首先要做到的。

图 4-3

手势有以下几种:

① 出界——手臂向外伸,与肩同高,指着球出界的方向(图 4-3)。

如果球落到场外司线员的左侧或右侧,司线员随即根据情况适时地伸出左臂或右臂,同时宣布"出界"或"失误"。负责发球中线司线员应视情况而定,伸出左臂或右臂,这要根据发球区在哪一边来决定。位于裁判员侧的底线和发球线的司线员伸左臂或右臂,要根据其在球场的位置来确定。

图 4-4

② 好球——双手并拢(手背向上),并让主裁看到,在线内大约 3 英尺即 1 米范围内的好球,司线员应作出好球的手势(图 4-4)。

③ 视线被遮——当一个球落

地时,球场上的线被遮挡,如果司线员不能判决该球是"好球"还是"出界球",这时他可用"视线被遮"手势——一只手在眼前晃动,起立,使裁判员看到他所处的位置。

(2) 更正判决。

由于口误或来球过快,司线员觉得其所作判决是错误的,这时他必须变更其判决。如果司线员已经宣布"出界球",当时又立即意识到这是一个"好球",这时他应马上站起来向裁判员喊"更正";如果裁判员或司线员在发球员第二次发球时错判了"发球失误"或"出界球"并更正了其判决,这时应判重发球,并给予发球员两次发球权,裁判员可决定这一分球重赛。

4. 网上裁判员的职责

网上裁判员应坐在网柱旁靠近裁判员的地方(图 4-5);遇到发出擦网球则应报"重发球";遇到球穿过网孔则应报"穿孔球"。

图 4-5

网上裁判员为了防备可能发生的差错,他必须复述比赛的报分,并与裁判员核对,另外还要登记所更换的球。

当运动员做出发球的抛球动作时,网上裁判员应将手置于球网网绳上面。他的腿和脚不应伸到球场内。运动员发完球,他应将手悄悄从网上收回。

5. 脚误裁判员职责

脚误裁判员应正对底线而坐,发球时他可以从一边换到另一边。他不得和底线司线员谈话。

在判决犯规时，脚误裁判员必须大声宣布，并使全场都能听到。他应非常熟悉脚误的规则，只有在确定是违犯规则时，他才能宣布脚误。

脚误裁判员必须一边看着运动员脚下的动作，一边听球拍击球的声音，用这种方法才能合理而精确地判断运动员发球时是否脚误。

二、裁判员和司线员注意事项

裁判员的裁判原则：在活球期内裁判员的眼睛要盯住球，思想要高度集中于比赛。对所有的判决和报分，声音要响亮清楚。

除以下情况外，裁判员不作宣布：

发球失误、脚误、在活球期内球被打出场外、球被打在网上、任何一方运动员击球犯规、球弹跳两次后打球、外界干扰比赛，这时裁判员宣布“重发球”。

(1) 裁判员在得到司线员协助时可使用下列术语：

当第一次发球失误，裁判员重复司线员宣布的“失误”。

当第二次发球失误，司线员再宣布“失误”，裁判员这时应报“双误”。

当发出擦网好球时，网上裁判员宣布“重发球”，裁判员应重复报“重发球”。

如果球被连击两次、球在过网之前被拦截、在活球期内运动员用任何方式触网、在活球期内运动员的衣服或佩戴物触网、运动员衣服或佩戴物落入对方场区，裁判员则宣布“击球犯规”。

当司线员宣布“出界”、“脚误”或“重发球”时，裁判员只是重复其宣布的术语，而不用增添术语的用词。也就是不用报“已被判脚误”等类似语言，只需重复司线员所宣布的术语即可。

遇到一方得分或失分时，该比分就应登记在记分表上，然后宣布发球员得分,要始终宣布发球员的得分,例如:15∶0、15平、15∶30、30平、40∶30,平分不得报40平,也不得说“各15”或“各30”。

当宣布“发球占先”或“接球占先”时,裁判员不能报“击球员占先”或“某某占先”。

当裁判员只有一个人单独工作,而没有司线员协助时,他应当承担在其裁判椅上力所能及的某些司线员的职责。

(2) 司线员对如下问题有直接宣布和判决的职责:

关于发球——如果第一次发球宣布“失误”,第二次发球仍报“失误”,而不报“双误”(由裁判员报)。

一个球被打到场外则宣布“出界”,而不报“界外”、“界冲球”等。

当发出擦网好球时,宣布“重发球”,而不报“擦网球”。

脚误裁判员(包括没有设脚误裁判员而只是由底线司线员兼任的)对每一次犯规动作可宣布“脚误”,应报“第一次发球脚误”或“第二次发球脚误”。

司线员当意识到他所作出的判决不正确时,应立即宣布“更正判决”,并使裁判员看到他所处的位置。司线员的视线可能被运动员所阻挡,以至于他不能对靠近他的线作出判断时,他应立即起立,用一只手在眼前晃动,同时宣布“视线被遮”。这时裁判员应根据规则作出相应决定。如果按照发球司线员所宣布的“失误”进行登记,则对网上裁判员所宣布的“重发球”应予否决。

第三节　竞赛组织工作

竞赛组织工作是竞赛工作顺利进行的基本保证,其组织机构的规模大小由比赛性质决定。比赛的形式有:锦标赛、冠军赛、联赛、杯赛、邀请赛、选拔赛、表演赛以及综合性运动会如全运会等。

一、竞赛组织机构和职责

1. 竞赛委员会机构

(1) 办公室;

(2) 竞赛处(含仲裁委员会);

(3) 宣传处;

(4) 总务处;

(5) 保卫处。

2. 职责

(1) 办公室:

① 制定大会文件、竞赛规程、赛会通知、补充通知等;

② 召集有关会议,下达任务,协助竞赛委员会工作;

③ 接受运动员报名和资格审查。

(2) 竞赛处:

① 编排比赛日程,编印秩序册、成绩册、成绩公告;

② 印制竞赛用的各种表格;

③ 安排各参赛队赛前场地的适应性练习;

④ 在联席会上通报比赛中有关执行规则和要求;

⑤ 检查场地和器材;

⑥ 比赛期间及时登记和公布当天的比赛成绩;

⑦ 协助裁判长组织裁判员学习;

⑧ 遇到特殊情况,要协助裁判长通知各比赛队更改比赛的具体时间、日期和赛场。

(3) 仲裁委员会:

一般由 3 ~ 5 人组成。

① 主要负责处理比赛中发生的事端及纠纷;

② 协助竞赛委员会审查报名队和队员的资格；

③ 负责复审比赛期间执行规则、竞赛规程中发生的纠纷；

④ 对受理的申诉、控告等应及时处理，不影响比赛正常进行。

（4）宣传处：

① 协助竞赛委员会筹备和召开新闻发布会的工作；

② 组织好整个比赛的宣传报道工作；

③ 组织评定体育道德风尚奖的团体和个人。

（5）总务处：

负责大会的接待、交通、食宿、票务、医务等工作。

（6）保卫处：

负责大会期间的各项安全，包括：

① 运动员和裁判员等大会人员的驻地安全；

② 维持比赛场地的秩序。

二、赛前的准备工作

（1）成立组织机构。

（2）制定竞赛规程。

（3）制定工作计划。

（4）赛前的一些具体工作是：办公室拟定大会文件，召开赛会会议，商议发奖等程序的安排，以及接待、交通、食宿、票务、医务等行政工作。竞赛处除了根据规程规定和报名队的具体情况编排比赛日程，安排好各参赛队赛前对比赛场地的适应性练习外，还要组织调研和辅助人员的培训工作等。裁判长要组织裁判员进行业务学习和实习，并进行裁判员分组和确定负责人，裁判长检查场地和器材落实情况，在联席会议上通报比赛中有关执行规则的要求等。宣传处除了协助竞赛委员会召开新闻发布会的筹备工作外，还要争取让更多的宣传媒体进入赛会进行宣传报道。保卫处根据赛会的需要组织安排一定的警力,确保赛会安全顺利进行。仲裁委员会与竞赛委员会共同审查报名队和队员的参赛资格。

在采用主客场制组织竞赛时,由组委会下设的技术监察委员会向各赛区指派技术代表,他们要对赛区、裁判员、运动员等工作进行全面负责并及时向组委会汇报。

(5) 召开组委会会议,各处汇报筹备工作情况。

三、竞赛期间的工作

(1) 竞赛处要及时登记和公布当天的比赛成绩,同时应经常检查和管理场地器材与设施;遇到特殊情况需要更改比赛场地、日期、时间等,要及时通知各队。

(2) 办公室应深入各队听取意见,改进工作,保证运动员、裁判员、工作人员的伙食、洗澡及休息事宜。

(3) 赛场应有医生做好处理伤病事故等的准备工作,并做好食品卫生监督工作。

(4) 裁判组要合理安排裁判员,及时组织裁判员进行小结,改进工作,保证比赛顺利进行。

(5) 保卫处应随时注意与会人员驻地及比赛场地的治安工作,特别是在大会临近结束时更要加强保卫工作。

(6) 宣传处组织好宣传报道和体育道德风尚奖的评定工作。

(7) 仲裁委员会负责复审比赛期间执行规则、竞赛规程中发生的纠纷,对受理的申诉、控告等应及时处理,以便不影响比赛正常进行。

四、竞赛结束时的工作

(1) 竞赛组及时核算比赛成绩,排出名次,由裁判长宣布。

(2) 召开组委会,听取工作汇报及意见,决定体育道德风尚奖评定结果,组织闭幕式和发奖仪式。

(3) 印发成绩册,安排和办理各队及裁判员离会的有关事宜。

以上只是一般网球比赛的竞赛组织规则,也有的只设办公室、会务组、竞赛组。巡回赛、排名赛、俱乐部联赛等有特殊情况的除外。

五、竞赛规程内容

竞赛规程是整个竞赛的指导性文件,因此必须认真细致地加以制定。一般由主办单位根据比赛的目的、性质、规模、时间和场地情况来制定。其基本内容如下:

(1) 竞赛名称;

(2) 目的和任务;

(3) 主办单位;

(4) 比赛日期和地点;

(5) 参赛单位;

(6) 报名人数;

(7) 参赛资格。

竞赛办法包括:采用的比赛办法;录取名次;奖励办法;采用的比赛规则以及其他特殊规定。

第四节　竞赛方法和编排

竞赛制度是确定参赛各队之间如何比赛的方法。它保证了竞赛紧张而有序地进行。选择和确定竞赛方法,应根据比赛的目的和任务、竞赛时间的长短、参赛队的数量及场地设备等情况来决定。网球比赛与其他许多体育竞赛项目一样经常采用的竞赛制度有淘汰赛制、循环赛制。

一、淘汰赛制

淘汰赛制是指在比赛中失败一次或两次就失去继续比赛资格,获胜者继续比赛,直到最后确定优胜者为止。

淘汰赛制是网球比赛中的常用方法。一般是在参加比赛队人数较多而比赛的时间较短的情况下采用,这种方法可以节省时间,但大部分参赛者比赛的场次少,相互学习和交流的机会较少。其分类有单淘汰赛和双淘汰赛。

1. 单淘汰赛比赛轮数和场数

(1) 比赛轮数。

计算方法是参加队(人)数的 2 的乘方数(即 2^n)。乘方数 n 就是表示轮数,因编排是按“2”的乘方计算,当 2 的乘方数依次是 1、2、3、4、5、6、7 时,其值依次分别是 2、4、8、16、32、64、128。如表 4-1 所示:

表 4-1

轮数 n	1	2	3	4	5	6	7
位置数	2	4	8	16	32	64	128

例: 16 个队参加比赛,16 是“2”的 4 次方(2^4),故比赛轮数为 4 轮(如图 4-6 所示)。

如果参加队数不是“2”的乘方数,则要用较大于参加队数的“2”的乘方数进行编排。

例: 28 个队(人)参加比赛,28 不是“2”的乘方数,比 28 大的是 32,而 32 是“2”的 5 次方,所以比赛轮次为 5 轮。

(2) 比赛场数。

单淘汰赛制的全部比赛场数按下列公式计算:

总场数 = 参加队(人)数 - 1

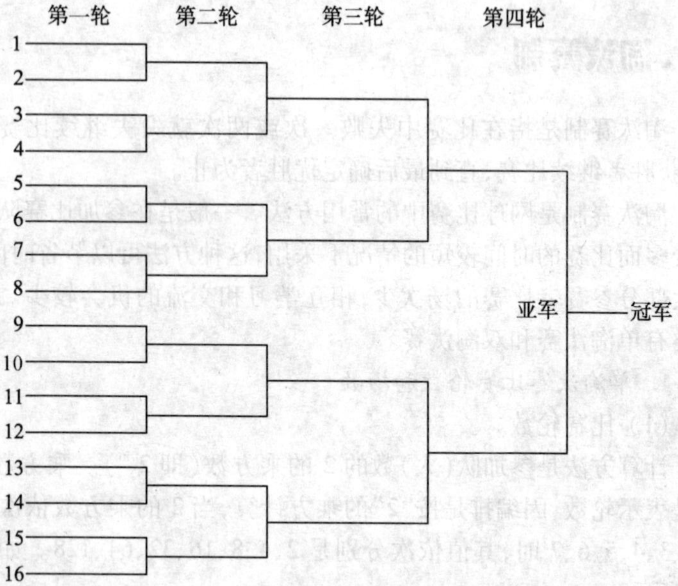

图 4-6

例 1：16 个队参加比赛，比赛场数是 16 - 1 = 15 场。

例 2：28 个队参加比赛场数是 28 - 1 = 27 场。

2. 种子和轮空

(1) 种子选手的确定与排列。

种子选手大多是根据国家比赛规程的规定，根据前一年同一比赛的名次确定种子，种子的数目主要是根据参赛队或人数的多少来确定。在一项标准比赛中，每 4 ~ 8 个人有一个种子选手，如果种子选手不够，则有多少算多少，其他人由抽签来决定其位置。双打比赛时，如果非原配对则另有明确规定，如巡回赛等。

4 个队——2 个种子(双打)；

8 ~ 16 个队——4 个种子(双打)；

24~28个队——8个种子(双打)。

32个人——8个种子;

48~64个人——16个种子;

96~128个人——32个种子。

由于比赛办法不同,“种子”定位的方法也不同。在单淘汰赛中,有跟“种子”在一批和分批抽签两种不同的方法,在网球比赛中,除1、2号种子选手外,其他种子选手的位置凭抽签来决定,1号种子选手安置在最上端,2号种子选手安置在最下端。然后,以两个种子选手为一批分别抽签入规定的位置。如果抽签决定3号种子选手在上半区或在下半区,那么4号种子选手的位置就放在相对的位置上,其余种子选手的位置,则根据这一原则顺序进行下去。网球比赛种子选手的安排通常如下:

1号种子选手在1号位,2号种子选手在32、64、128(96)号位;如果某一个种子选手抽签在上半部某一区最上位置,那么另一个种子选手则对应在下半部某一区的最底的位置上。

(2) 轮空位的计算。

在参加比赛队(人)数不是“2”的乘方数时,则在第一轮的比赛中会出现部分轮空,这样才能保证使第二轮的比赛队(人)数成为“2”的乘方数。

确定轮空队(人)数的办法是:用稍大于参加队(人)数的“2”的乘方数减去参加队(人)数。

例:28人参加比赛,用稍大于的数即为32为宜:

轮空数=32-28=4。

为了避免较强的队(人)在第一轮比赛时相遇而被过早的淘汰,一般采用轮空跟“种子”,即种子选手应优先。如有一个轮空位置时,应由1号种子选手轮空;有两个轮空位置,则由1、2号种子选手轮空,以此类推。轮空位置应均匀地分布在各个区内。

例如,28人的比赛,采用32号位的抽签表,有4个位置一开始就是轮空,根据轮空跟“种子”的原则,将4个轮空位分别给予1~4号种子选手,因此这4名种子选手将直接参加第二轮比赛,他们和第一轮比赛的优胜者组成“偶数16”(图4-7)。

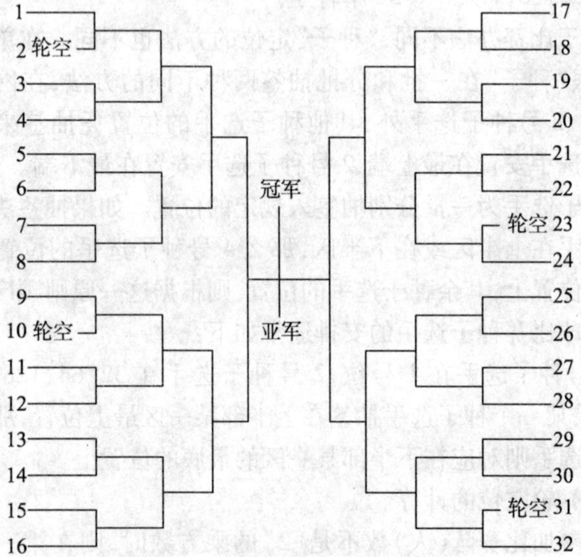

图4-7

一旦将种子选手位置确定后,并注明哪些位置代表轮空时,其余的抽签可将所有剩余选手根据编号,按抽签的顺序,自上而下填入剩下未被占据的位置。

在有些比赛中,须同时考虑出现下列情况:同一队或同一地区有多名运动员参赛,而且有种子选手和非种子选手。一般的方法是:

① 列出报名人数与种子选手情况,以及轮空位置。

② 先抽种子选手,并且把他们同队或同地区的选手分别放在相应区位上。例如,某队两名种子选手分别为1号种子选手和4号种子选手,那么1号种子选手固定在上区,4号种子选手就应排

在下区“种子”位置上。

③ 抽非种子选手。

遇到以上情况,无论是种子选手还是非种子选手均分两个步骤:先分区,后定位。实际上,在抽签中还会遇到各种各样的问题,需要灵活地运用基本原理予以解决。

3. 双淘汰附加赛

单淘汰赛只能确定冠、亚军,用双淘汰附加赛的办法可以进一步排出前八名的顺序和进入前八名的运动员，每一轮胜者与胜者之间、负者与负者之间进行比赛,直到排出前八名的名次。也可以采取该办法排出 32 名运动员全部名次,如图 4-8 所示。

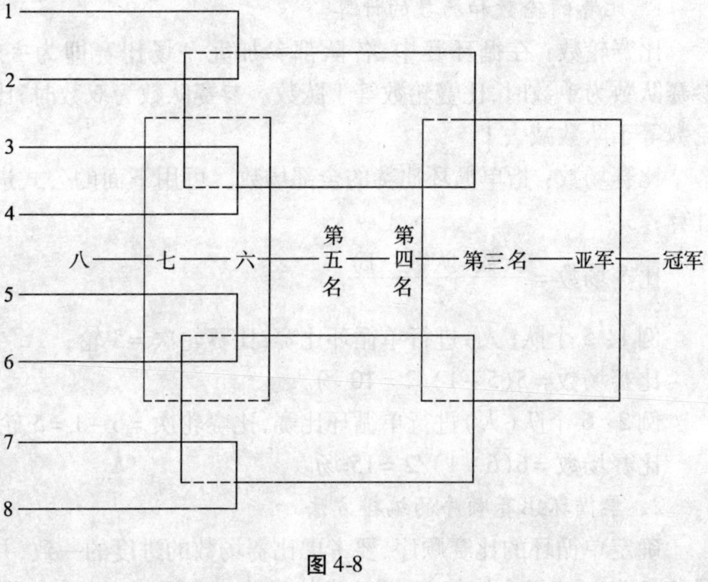

图 4-8

二、循环赛制

循环赛制是参赛的各队在整个竞赛或同一小组中彼此都有相

遇的机会,最后按各队在全部比赛中胜负的场数或得分的多少,按一定的计分规定,合理确定名次的方法。这种方法能较合理地确定参赛队的名次,也使各队有较全面的相互交流和学习的机会。一般在参赛队不多、比赛时间充足时采用。循环赛制又分为单循环、双循环和分组循环三种。单循环是所有参加比赛队均能相遇一次;双循环是所有参加比赛队均能相遇两次;分组循环就是参加比赛队分成若干组进行循环比赛,大多在人数多、比赛时间短时采用。

单循环是各参赛队在整个竞赛中彼此相遇一次,一般是在参赛队伍不多、比赛时间充足时采用。

1. 比赛的轮数和场数的计算

比赛轮数:在循环赛中,各队都参加完一场比赛即为一轮。参赛队数为单数时,比赛轮数等于队数。参赛队数为双数时,比赛轮数等于队数减去1。

比赛场数:指单循环比赛的全部场数。可用下面的公式进行计算:

$$比赛场数=\frac{队数(队数-1)}{2}$$

例1:5个队(人)进行单循环比赛,比赛轮次=5轮;

比赛场数=5(5-1)/2=10场。

例2:6个队(人)进行单循环比赛,比赛轮次=6-1=5轮;

比赛场数=6(6-1)/2=15场。

2. 单循环比赛顺序的编排方法

确定单循环的比赛顺序,要考虑比赛场数的进度的一致,并尽量使各队(人)机会均等,还要注意使强队或水平相近的队在最后一轮相遇,从而使比赛逐步形成高潮。

轮转编排法是目前各项体育运动比赛中常用的方法,这种方法不论参加队数是双数还是单数,一律按双数来编排。如果参加队数是单数,就再加一个0使之成为双数。在编排时,将参加比赛的单位用数字来代替,并将其平分为两半,前一半号码数由1号起自上而下写,后一半号数依次自下而上写在右边,再用横线把相对的号码连起来,这就是第一轮的比赛。然后把1号数固定不动(四角任何一个数固定都可以),其余号数按逆时针或顺时针轮转一个位置,再用横线把相对的号数连接起来,这就是第二轮的比赛。依次轮转就能排出其余的各轮比赛。

例:6个队(人)进行单循环比赛。

第一轮	第二轮	第三轮	第四轮	第五轮
1—6	1—5	1—4	1—3	1—2
2—5	6—4	5—3	4—2	3—6
3—4	2—3	6—2	5—6	4—5

上表的排法是固定1号在左上边,从第二轮起其余的号数按逆时针方向轮转,轮转一个位置就是一轮。参加队数为单数时,编排方法也与双数一样,只是在编排时,增加一个“0”号,凡与“0”号相遇的队就是轮空队。

例:5个队(人)进行单循环比赛。

第一轮	第二轮	第三轮	第四轮	第五轮
1—0	5—0	4—0	3—0	2—0
2—5	1—4	5—3	4—2	3—1
3—4	2—3	1—2	5—1	4—5

上表的排法是固定“0”号在右上边,按逆时针的方向轮转编排。

注意:在有5个队(人)以上的单数时,应避免“0”号位转动,否则会出现一种特殊的现象。下面以5队和7队比赛为例:如果固定“1”号位按逆时针的方向轮转编排,在有5个队参加的比赛,抽签在4号位的队或有7个队参加的比赛,抽签在6号位的队的情况下,他们从第 4 轮开始,会连续与前一轮轮空的队相遇。这样不利于上述在这两个号位的队,更体现不出公平、合理的原则。

例: 5 个队(人)进行单循环比赛,请注意粗体和斜体部分。

第一轮	第二轮	第三轮	第四轮	第五轮
1—0	1—5	1—4	1—3	1—2
2—5	0—4	5—3	***4—2***	3—0
3—4	2—3	***0—2***	***5—0***	***4—5***

例: 7 个队(人)进行单循环比赛,请注意粗体和斜体部分。

第一轮	第二轮	第三轮	第四轮	第五轮	第六轮	第七轮
1—0	1—7	1—6	1—5	1—4	1—3	1—2
2—7	0—6	7—5	***6—4***	5—3	4—2	3—0
3—6	2—5	***0—4***	7—3	***6—2***	***5—0***	4—7
4—5	3—4	2—3	***0—2***	***7—0***	***6—7***	***5—6***

这种编排方法在 1985 年国际排球比赛上已被取消,取而代之的名称为"贝格尔编排法"。但实际上,只要把"0"号位(即轮空位置)固定不动,其他数位无论是逆时针或顺时针轮转编排均不会出现以上现象。

实际上,根据需要也可以采用大轮转小调动等方法确定比赛顺序。为了使实力较接近的三场比赛在最后一轮出现(使比赛达到高潮),可以先确定最后一轮的比赛顺序,然后用顺时针轮转法倒推前 4 轮或前 6 轮的比赛。

3. 单循环赛名次计算方法和成绩表格

(1) 名次计算方法:

循环赛按获胜次数决定名次,高者列前。

① 如果遇两队获胜次数相等,则以两队相互间比赛胜负决定名次,胜者列前;

② 如果遇三队或三队以上获胜次数相等,则按他们在全部比

赛中的获胜场数的百分比,高者列前;

③ 如果再相等,则以获胜盘数的百分比,高者列前;

④ 如果再相等,则以获胜局数的百分比,高者列前;

⑤ 如果再相等,则以获胜分数的百分比,高者列前;

⑥ 如果再相等,则抽签决定。

百分比的计算公式:

$$胜数比 = \frac{胜数}{胜数 + 负数} \times 100\%$$

(2) 成绩表格。

成绩表格如下表(以4队为例)所示:

	1	2	3	4	胜次	获胜百分比				名次
						场	盘	局	分	
1										
2										
3										
4										

三、有关巡回赛的编排

巡回赛的比赛办法大多采用淘汰赛制,分正选赛和预选赛,当参赛选手超过正选限定人数时就进行预选赛,一般步骤如下:

(1) 确定报名人数。

(2) 确定是否要进行预选赛。

(3) 如果要进行预选赛,公布参加正选赛名单和人数、外卡人数和正选种子选手名单以及预选赛种子选手名单。

(4) 预选赛抽签。

预选赛抽签的种子选手排位与正选种子选手排位有所不同,

预选赛的种子选手一般是根据正选赛允许预选赛多少人选而定。并且种子选手按顺序自上而下安排在所选取的区位顶部。

例：预选赛有 16 人比赛，产生 4 名种子选手参加正选赛，因此，在预选赛编排时按淘汰赛制办法，4 名种子选手（无积分除外）分别进入 4 个区顶部，如图 4-9 所示。

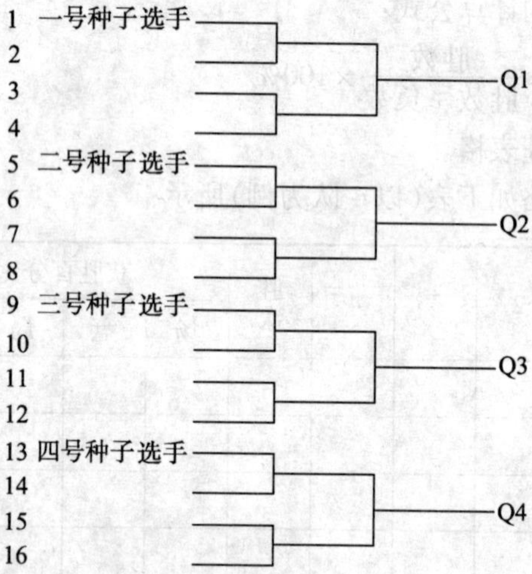

图 4-9

（5）预选赛后正选赛抽签。

四、编排秩序册的方法

所需要的各项比赛的参加人数确定后，应立即转入比赛日期、时间、场地的编排工作。

1. 规则的确定和建议

（1）如果既有团体赛又有单项赛，则团体赛必须在单项赛开始之前结束。相互之间最好安排一天休息。

（2）在一天之内同时有单打与双打，则先安排单打，后安排双打；最多一单两双，一般一单一双。

(3) 在安排每天的场次时，可交叉安排男女项目。

(4) 尽量把较高水平的运动员安排在中心场地比赛。

(5) 尽量安排运动队(员)在每个场地上都比赛过，即不固定比赛场地。

2. 基本原则

(1) 对参加比赛的各队，不论强弱，都应一视同仁，做到机会均等。

(2) 应有助于运动员发挥竞技水平。

3. 准备步骤

(1) 根据竞赛规程规定的竞赛办法和报名参赛人数，制定抽签方案；

(2) 提出各项目的种子顺序和名单；

(3) 准备抽签用具和抽签实习；

(4) 对抽签准备工作全面检查；

(5) 实施抽签。

4. 网球比赛常用方法

(1) 确定参赛人数。

(2) 确定种子选手人数和轮空数。

(3) 抽签：

A. 先抽种子选手；

B. 确定轮空位置；

C. 非种子选手编号；

D. 非种子选手抽签入位，并且是自上而下安排在未被种子选手占据和轮空的位置上。

5. 佩奇制赛制

佩奇制赛制即各小组前两名进入前四后，两小组第一对决，胜者直接进入决赛，负者则与两个小组第二对决的胜者再进行一场比赛,争夺决赛权。这一赛制有利的是,队员万一失手还有一次机会;弊端是有可能在一两天内连续与同一支球队打比赛。

图 4-10 所示:将第一阶段循环产生的前四名或分组产生的各组前两名按顺序进行淘汰。

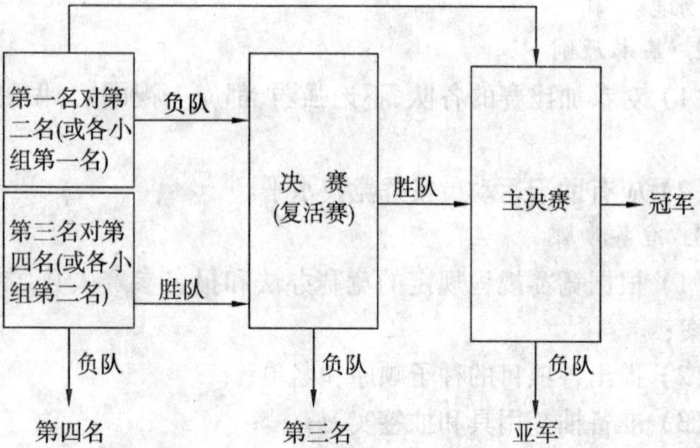

图 4-10

第五章　附　录

第一部分　网球运动常用术语

ace　发球时，对方接球完全没有碰触到球的得分球

advantage　占先，打到 deuce（平）后优势的一方，分发球占先和接球占先

advantage for receiver　接发球方占先

advantage for server　发球方占先

all　平（比分相同）

alley　单打与双打之间的场区

alley fighter　善于打硬仗和绝地反击的选手

alternate service　换发球

American twist　美式旋转球

approach shot　上网球

attacker　攻击型选手

attacking return　攻击性回球

asphalt courts　沥青球场

back court　后场

back-hand　反手击球

back-hand drop shot　反手放短球

back-hand half-volley　反手半截击

back-hand volley　反手截击

backspin　下旋球
ball　网球
ball boy　球童/拾球员
ball change　换球
ball sense　网感,球感
ball control　控球技术
band　球网白边
baseline ball　底线球
be quiet　安静
best of 3 sets　三盘两胜制
best of 5 sets　五盘三胜制
blade of racket　拍面
blocked return　堵截回击球
bodyline ball　贴身球/追身球
break point　破发点
bye　比赛轮空

cement court　水泥球场
centre bond　中心布带
centre mark　中点
centre service line　中线
chair-umpire　主裁判
change sides　交换
championship　锦标赛
champion　冠军
chip　切球
chop stroke　削球
classical guide　经典打法

clay court　红土场地/泥地
code vilation, delay of　违犯准则,延误
consistency　稳定性
continental　大陆式
correction　更正
court surfaces　场地表面
cover the court　防守
covered court　室内场地
cross shot　斜线球
cross-corner　对角球
crosscourt　斜线球
cut　削球

dark horse　黑马
deep ball　深球
default　弃权
defensive　防御性
deuce　局末平分,盘末平局
disqualify　取消比赛资格
double bounces　球弹地两次
double break point　两个破发点
double fault　双误,两次发球失误
double-handed backhand　双手反手击球
double hit　在一次挥拍中球碰撞球拍两次
double elimination tournament　双打淘汰赛
doubles side line　双打边线
doubles　双打
doubles court　双打场地

down-the-line shot　边线直线球/落底线球
depth shot　打深度球
driven return　抽击回击球
drop shot　吊小球/短球

eastern　东方式
eastern forehand　东方式正手
EPO(erythropoietin)　增强体能的违禁药物
event begins　赛事开始
exhibition　表演赛

fault　失误
fifteen-love　15：0(1：0)
fifteen all　一平(15：15)
finish　比赛结束
first service　第一发球
fitness　状态
flat(cannon ball)　平击球(炮弹式)
flat drive　平抽球
flat stroke　平击球/平发球
fluke, set-up, easy　机会球
follow-through　跟进动作
foot fault　脚部犯规/脚误
footwork　步法
fore court　前场
forehand　正手
forehand half-volley　正手半截击球
forehand volley　正手截击球

forward spin　上旋

forty　四十

forty all　三平

foul　发球出界、无效球

foul shot　技术犯规

game　局(1 局为 4 分)

giant slayer　巨人杀手

good ball　好球

good return　有效回击

grab-punch position　截击位置

grandslam　指 Wimbledon/U. S. Open/French Open/Australian Open 四大赛事

grass court　草地网球场

grip　握拍姿势/握拍法

ground ball　落地球

ground stoke　击触地球,即球落地弹起后再击球,是最基本的打法(抽球)

gut, string　(球拍的)弦

half-volley　半截击球/反弹球

hand signal　手势

handle of racket　拍柄

hard court　硬地场地

heavy ball　重球

hinder　妨碍/干扰

hindrance　妨碍

hitting the ball　击球

high ball, lob　高球
form　状态
hot shot　热门人物

in　界内有效球
in-form　球感极佳
interference　干扰
interruption　中断比赛

jump smash　跃起抽球
just out　刚好出界

kill　杀球,使对方无力防守之球
knee　膝
knock-out　淘汰赛

lawn tennis　草地网球运动
lead　领先
leads, 4 games to 2　(领先,局数 4∶2)
left service court　左发球区
let　重发球/重赛
lift drive　提拉抽球
lift　拉弧圈球
line ball　触线球
linesman　司线员
lob　吊高球/挑高球
long ball/shot　长球
love (零)　0 分(出自法语 l'œuf)

love game 一方得零分的一局
low ball 低球
low drive 抽低球
low volley 低截击球

macadam 碎石
make the draw 抽签
match 记分
match point 赛末点
mental skills 心理状态
mixed 混双

net 落网球/发球触网,分 net in(有效)及 net out(无效)两种
net-cord judge 球网裁判员
net-post 网柱
net rusher 上网型选手
no-man's-land 真空地带
not up 双跳,球在地上弹跳两次

obscurity 冷门
offensive 进攻性
one minutes 还有一分钟
order of receiving 接发球次序
order of service 发球次序
out 界外无效球
out court 场外地区
out-of-form 球感不好
over-grips 护柄带

over the net　球过网
overhead　高球
overhand service　上手发球
overhead smash, overhand smash　高球扣杀
overrules　改判

partner　伙伴
passing shot　穿越球
percentage play　沉着应战
permanent fixtures　场上的固定物
placement　球落点
place-up　抛球
play　比赛开始
player　参赛者
point penalty　罚分
point score　比分
point-up　指着球
pole　网柱
postpone　延期比赛
practise for five minutes　练习 5 分钟
progressive playing　改善打发

racket press　球拍夹
racket　球拍
racquet　球拍
ranking　排名
ready　准备比赛
ready position　预备位置

receive 接发球
receiver 接球员
receiving formation 接发球的位置
referee 裁判
return 回击球
right service court 右发球区
rules 规则
round 轮
round robin tournament 循环赛

score 得分
second service 第二发球
seed buster 种子克星
seeding player 非种子球员
seeded player 种子球员
sensation 热门人物
serve 发球
scrvcr 发球员
service 发球
service area 发球区
service court 发球区
service line 发球线
service return 回发球
set 盘(6 局为 1 盘) 3 sets to 2 盘数 3∶2
set point 盘末点/盘点
short shot 短球
shots 球路
side line 边线

sideline ball　边线球
sidespin　侧旋转球
single court　单打场区
single elimination tournament　单淘汰赛
single net post　单打支柱
single side line　单打边线
sitter　极容易的"菜"球
slice　侧旋球
slice service　削发球
smash　抽球/扣球
scoring in tie-break　决胜局计分
spin　旋转球
split-stepping　分开两脚站立
stamina　耐力
stance　站姿
statistics　技术统计
straight ball　直线球
strap　中央带,球网中带
stretching exercises　伸展运动
strings　球拍线
suspension　暂停比赛
surface of ball　球面
surprise return　突然回击
suspension　暂停
swing　挥拍

tactics　战术
take-back　拉拍

tennis　网球运动/网球
tennis lines　网球场上的线
tennis togs　网球衣
thirty all　二平(30：30)
through the net　穿网球
throwing position　准备击球姿势
tie-break　决胜局/抢七局,正赛未分胜负后的加赛
tie-breaker　平局决胜制
time　时间到
timing　击球时间的掌握
top spin　上旋球
toss　抛球(挑边)
turn　转身
triple break point　3 个破发点
two minutes　还有 2 分钟
twist　强烈旋转球

umpirc　裁判
underhand service　下手发球
underspin　下旋球
unsighted　没看见
up-and-comer　处于上升期的新人
upset artist　爆冷专家

volley　截击空中球

warm-up　热身运动/准备活动
warning　警告

western 西方式

wide 打出边线的球

wide ball 离身球

wind up 收拍

winner 胜利者/致胜球

wood 木板

wooden court 木板场地

wrap-around 包卷打法

wrist 腕

第二部分 世界网球组织及重要网球赛事介绍

一、世界网球组织

1. 国际职业网球联合会(ATP Association of Tennis Professionals)

国际职业网球联合会,也称职业网球球员协会,是世界男子职业网球选手的"自治"组织机构。1972年成立于美国公开赛之时。其主要任务是协调职业运动员和赛事之间的伙伴关系,并负责组织和管理职业选手的积分、排名、奖金分配,以及制定比赛规则和给予或取消选手参赛资格等项工作。20世纪80年代以来,职业网球以空前的速度发展,各种形式的大奖赛、表演赛层出不穷,而国际网球联合会对这些赛事安排不当,使得职业球员疲于奔命,他们越来越不满,最终出现了以"球员工会"自居的国际职业网球联合会,即ATP。从1989年开始,由它负责主办除四大公开赛和戴维斯杯之外的所有男子职业网球赛事。

2. 国际网球联合会(ITF International Tennis Federation)

国际网球联合会(以下简称国际网联)成立于1912年。当时草地网球正在世界上迅速发展,一些设有网球协会的国家迫切需要一个国际机构负责协调和组织国际性比赛。1913年3月1日,有12个国家的代表在巴黎举行了全体会议,正式宣告国际网球联合会成立。最初的12个成员国是:澳大利亚(代表澳大利亚和新西兰)、奥地利、比利时、丹麦、法国、德国、英国、荷兰、南非、俄国、瑞典、瑞士。总部根据领导委员会的决议可设在任何一个城市,现总部设在英国伦敦。国际网联的任务:支持现行比赛规则;监督所有国际比赛、会员的全国比赛、正式锦标赛;遵守现行规章;安排各级选手比赛的日程,促进网球运动在世界范围内的普及。国际网联每年都要组织100多次青年级比赛,还组织16岁以下的国际男、女青年团体赛,取名"世界青年杯赛"。国际网联负责组织世界上的两大团体赛,即戴维斯杯赛(男子)和联合会杯赛(女子);负责指导四大公开赛,即温布尔登网球锦标赛和法国、美国和澳大利亚的网球公开赛;负责奥林匹克网球比赛最后阶段的比赛等。

为了解决组织戴维斯杯赛的有关问题,国际网联每年都举行参赛国全会,选出组织比赛的领导委员会。我国于1981年加入国际网联。

3. 女子网球职业协会(WTA Women's Tennis Association)

女子网球职业协会成立于1973年,球员总部设在美国佛罗里达州的圣彼得斯堡,其主要办公机构目前设在康涅狄格州,另外在欧洲还有一个小的分支机构。WTA由一个主席和一个董事会来管理,他们多数是现役球员,另外还有一些是商业顾问。WTA的主要职责是负责所有女球员的问题,并让职业网球联合会经营巡回赛。球员们在女子网球协会中有各自的代理人,女子职业网球协会决定整个巡回赛的所有规则,并资助一些表演赛,使球员们能参加一些这样的比赛而不必担心与真正的职业联赛相冲突。

4. 中国网球协会(CTA　Chinese Tennis Association)

中国网球协会是具有独立法人资格的全国性、公益性的群众体育组织,简称“中国网协”。中国网球协会是中华全国体育总会的团体会员,是中国奥林匹克委员会承认的全国性运动协会,是代表中国参加国际网球联合会(ITF)、亚洲网球联合会(ATF)和其他国际网球体育组织的惟一合法组织。协会的会址和办公总部设在北京。

二、世界重要网球赛事

在当前世界各项球类运动中,网球的地位大概仅次于足球,在欧美地区尤其如此。在国际上,网球的赛事也最多、最频繁。目前,影响最大、水平最高的国际网球赛,除奥运会外,有温布尔登网球锦标赛、美国网球公开赛、法国网球公开赛和澳大利亚网球公开赛,以及戴维斯杯网球赛和联合会杯网球赛。

在这六项著名赛事中,前四项为单项比赛,各设男、女单打、双打和混合双打五个冠军,俗称世界“四大网球赛”。所谓“大满贯”指的就是运动员同时获得这四大网球赛冠军。后两项分别为男、女团体赛。这六项比赛都得到国际网联的正式承认,每年举行一次。所不同的是,“四大网球赛”以个人名义参加,设高额奖金;而戴维斯杯和联合会杯赛则以国家和地区为单位参加。

1. 世界四大网球公开赛

(1) 温布尔登网球锦标赛(Wimbledon Tennis Championships)。

场地类型: 草地; 举行地点: 伦敦。

温布尔登网球锦标赛(以下简称温网)也称“全英草地网球锦标赛”,创办于 1877 年 7 月,是现代网球史上最早举办的比赛,冠军奖杯叫“挑战杯”。这项网球赛初创时只有男子单打一个项目,1879 年增设男子双打,1884 年起有女子单打,以后又增加了女子双打,到 1913 年又增设了男女混合双打。温布尔登网球锦标赛初始只限英国人参加,1901 年起允许英联邦各国派代表参加比赛,从 1905 年开始扩大为国际性的球赛。该赛事于每年 6 月最后一周至 7 月初定期在温布尔登的草地球场上举行。1968 年,国际网联同意职业选手参加该项比赛,同时组织者还募集巨额奖金,吸引全世界一流好手参加。参加资格是按前一年在各种重大比赛中获胜的得分累计而确定的。当今的温布尔登比赛,观众可达 30 万人以上,而全世界观看电视实况转播的人则在 5 亿人以上。

温布尔登是英国的一个城市,全市拥有 18 个草地、9 个硬地和 2 个室内网球场,其中最大的中央球场可容纳 15 000 名观众,是世界上最漂亮的草地网球场。在这里,每年有 300 多名选手角逐 5 个项目的冠军。随着商业化进程,温布尔登网球赛所设的奖金也在逐年增高。如 1990 年大赛的总奖金达到 387 万多英镑,获男单冠军可得 23 万英镑,获女单冠军可得 20.7 万英磅。

【温网历史小档案】

20 世纪 30 年代中后期,温布尔登赛场成了英国选手的黄金天堂,他们一共获得了 11 项冠军,其中包括弗雷德·佩里的男单三连冠和劳德的两次捧杯。只有在 1937 年和 1938 年,两位美国选手唐纳德·布奇和海伦·穆迪从英国人手里抢走了两个单打头衔。

1946 年,"二战"后的温网首次开赛,不过一直到 1949 年,比赛的规模才完全恢复到战前的水准。美国人占有冠军的优势一直延续到 50 年代。冠军名单上有克拉默、施罗德、特拉贝尔特、布劳、康纳利和吉布森,其中吉布森是温网第一个黑人冠军。

从 1956 年到 20 世纪 70 年代初期,男子单打冠军的奖杯成了澳大利亚人的私人财产。霍德、弗拉塞尔、拉沃尔、埃莫森和纽康比成了家喻户晓的名字。在女单方面,美国人垄断温网的局面直到 1959 年才被巴西姑娘布尔诺打破。到了 20 世纪 60 年代,玛格丽特·史密斯成为第一个夺冠的澳大利亚人,随后默蒂摩尔和琼斯又为英国拿回两座奖杯。

1973 年,在南斯拉夫球员比利奇退出大赛后,有将近 80 名选手也放弃了比赛。尽管有这么多球员缺席,观众总人数还是超过了 30 万人次。捷克斯洛伐克的科德斯和比利·简·金分获男女单打冠军。

1977 年,温网迎来了她的百岁生日。作为庆祝活动的一部分,温布尔登网球博物馆开馆了。

在最近十几年里,很多长时间保持的纪录纷纷被打破。1980 年,瑞典球员博格成为第一个温网五连冠的选手,虽然 1878—1882 年,兰修也五夺冠军,但是当时的赛制规定,上届冠军只须打一场卫冕战即可卫冕成功。1985 年,17 岁的德国球员贝克尔成为温布尔登历史上最年轻的男单冠军,同时他也是第一个非种子选手冠军和第一个德国籍男单冠军。1987 年,美国球员纳芙拉蒂洛娃成为第一个女单六连冠的选手,1990 年,她的纪录达到了 9 次夺冠。1996 年,瑞士的辛吉斯成为温布尔登 123 年来最年轻的冠军,她赢得女双桂冠的时候才 15 岁零 282 天。

【温网之最】

① 最失意的荷兰人:

在温网开赛前,克拉吉塞克这位荷兰足球队的超级球迷的心就被紧张激烈的欧锦赛赛场勾去了。他表示,如果能坚持打完温网的第一个星期,而荷兰队又进入了 2000 年欧洲杯决赛的话,他就计划立刻飞回荷兰观看比赛。当被问及他自己的网球事业和国家的足球辉煌之间的关系时,这位 1996 年的温网冠军毫不犹豫地说:“如果他们进入了决赛,而我还在这里继续奋战的话,我可能会不得不考虑速去速回了。”就在荷兰队进行半决赛的前一天,这个荷兰人就被南非人费雷拉以 5∶7、6∶3、6∶3、7∶6 打败了。克拉吉塞克行色匆匆地收拾好行囊,飞回了家。

② 最专心的球员：

阿加西说他在中心球场对阵邓特时，并没有分心去注意他的女友格拉芙。他说："我没有抬头看。我当时正专注于打球。"而当被问及德国媒体关于他们将结婚的报道时，他说："看那里的新闻吧，因为他们一直在围着我们转，知道一切。听新闻或看报纸吧。"

③ 最残酷的战斗：

当德国小将哈斯以5∶7、6∶4、6∶2、6∶3打败13号种子、同胞基弗时，这场手足相残的比赛终于结束了。哈斯和基弗相处并不融洽，而三度温网冠军得主、戴维斯杯德国队的队长贝克尔也没有前来观战，据报道，他已经不再喜欢基弗了。但基弗还是很有绅士风度："很不幸，我们中必须有一个人要走。这对德国网坛没好处。"

④ 最昂贵的草莓：

6月份是英国草莓丰收的季节，而观看温布尔登网球公开赛的人们也都免不了边吃美味的草莓边为选手们喝彩。这里草莓的价格也随行就市，逐年上涨，但作为温网公开赛不可缺少的一部分，没人担心这些世界上最昂贵的草莓销量会受到影响。即便如此，高昂的价格也无法阻挡人们的购买欲望，因为在赛场上吃草莓也是一种时尚。预计在为期两周的公开赛期间，草莓的销量将突破59 400磅。

⑤ 最绅士的球迷：

英格兰既有世界上最臭名昭著的足球流氓，也有世界上举止最文明的网球迷，从温网赛场的观众身上就可见一斑。《时代周刊》记者撰文说："自1936年后，还没有一位英国选手获得过温网冠军。也许英国人总是缺席温网男单决赛，有助于维持观众秩序。希望英国人在另一项最具影响力的足球运动成绩逐步提高的同时，球迷也来营造同一种公平竞赛的气氛。"

(2) 美国网球公开赛(U.S. Open)。

场地类型:硬地;举行地点:纽约。

美国网球公开赛,其历史仅次于温布尔登网球锦标赛,它始创于1881年。美国公开赛的首届比赛,于1881年在罗得岛新港举行,当时只是国内赛事,开始名为“全美冠军赛”,而且只有男子单打。以后每年举办一届。女子比赛始于1887年。比赛通常在每年的8月底至9月初举办。1915年起移至纽约林山进行比赛。1968年被列为四大公开赛之一,设有5个单项的比赛,是每年四大公开赛中最后举行的大赛。1970年,比赛改名为全美公开赛。从1997年起比赛在新落成的阿瑟·阿什网球中心进行。该中心占地18.2公顷,拥有比赛场地33个,场地也是硬地球场,要想在比赛中取胜,运动员要有良好的体力。美国网球公开赛在“四大网球赛”中,以奖金最多而闻名,加上美国网球赛的地位以及中速硬地场地,因此吸引了众多好手参加。美国公开赛的影响虽比不上温布尔登网球锦标赛,却高于澳大利亚、法国的公开赛。

【美网之最】

① 最年轻的男单冠军:

1990年,19岁的美国男子网球运动员桑普拉斯成为美国网球公开赛有史以来最年轻的男单冠军。

② 最高奖金:

1996年,美国网球公开赛的总奖金达到1 089.389万美元,奖金额达到历史最高。其中男、女冠军可分别获得60万美元,单打亚军可获30万美元,双打冠军可获24万美元。混双冠军将平分6万美元。1997年,美国网球公开赛的总奖金达到1 182.189万美元,奖金额创历史最高。其中男、女冠军可分别获得65万美元,单打亚军可获35万美元。

③ 获单打冠军次数最多者:

有三人共同保持着获7次男单冠军的纪录:Richard Sears

(1881—1887 年), William Larned(1901—1902 年, 1907—1911 年), Bill Tilden(1920—1925 年, 1929 年)。要指出的是, 1912 年以前, 美国公开赛采用挑战制, 即本赛优胜者向上届冠军挑战, 这对卫冕冠军当然极其有利。从这一点来说, 前两位 7 次冠军获得者比不上 Bill Tilden。事实上, Bill Tilden一向被认为是美国公开赛历史上成就最高的选手。

④ 获女单冠军次数最多者:

Molla Bjurstedt Mallory, 共 8 次 (1915—1918 年, 1920—1922 年, 1926 年)。她仿佛是为美国公开赛而生的, 在其他三项大满贯赛事上从未染指桂冠。

⑤ 蝉联单打冠军次数最多者:

男单: Richard Sears 是美国公开赛的第一位男单冠军。他自 1881 至 1887 年连续 7 届问鼎。但前面已提过, 挑战赛制的连冠和现代赛制的连冠是无法相比的。比起 Bill Tilden 的六连冠 (1920—1925 年), Sears 显然要逊色一筹。自 Bill Tilden 之后, 只有麦肯罗(John McEnroe, 1979—1981 年)和伦德尔(Ivan Lendl, 1985—1987 年)曾赢得三连冠。

女单: 三位女将曾获得女单四连冠: Molla Bjurstedt Mallory (1915—1918 年)、Helen Jacobs (1932—1935 年)、Chris Evert (1975—1978 年)。另有 Helen Wills Moody(两次)、Hazel Hotchkiss Wightman、Alice Marble、Pauline Betz、Mary Browne、Margaret Osborne duPont、Maureen Connolly 七人曾获三连冠。

⑥ 获冠军总数最多者:

获冠军总数最多的男子是强大的 Bill Tilden。他在美国公开赛上总共获得 16 次冠军(7 次男单, 4 次男双, 5 次混双), 是罕见的全能型选手。

获冠军总数最多的女子是双打怪杰 Margaret Osborne duPont。她在美国公开赛上居然拿过 25 次冠军, 其中 22 次是双打夺魁

(3次女单,13次女双,9次混双)。在20世纪40年代和50年代,她在双打上根本找不到对手。

⑦ 最年轻的单打冠军:

最年轻的男单冠军自然是20世纪90年代初被誉为"天下第一"的桑普拉斯。1990年,桑普拉斯击败阿加西夺冠时仅19岁零28天。那也是他赢得的第一个大满贯赛事冠军。

最年轻的女单冠军是美国的奥斯丁(Tracy Austin)。1979年,她出人意料地在决赛中击败四连冠的埃弗特,赢得冠军,当时年仅16岁零8个月28天。之后不久,她就成为第3位获世界排名第一的女单选手。遗憾的是她的下降轨迹和上升一样快。不过三四年工夫,她的名字就像一颗流星一样从排行榜上消失了。

⑧ 最年长的单打冠军:

最年长的男单冠军是William Larned,他1911年第7次夺冠时年已38岁8个月零3天。

最年长的女单冠军为Maud Barger - Wallach,1908年夺冠时38岁。

⑨ 打入单打决赛次数最高纪录:

男单选手是Bill Tilden。他曾10次打入男单决赛,其中1918—1925年连续8年进入决赛。另一位值得一提的是悲剧英雄William Johnston。他曾9次打入男单决赛,然而不幸的是他与Bill Tilden生在了同一时代。1920—1925年Bill Tilden的六连冠中有5次是击败Johnston而夺魁。Johnston只在1915年和1919年捡走了两次冠军,真是生不逢时。

另一位和Johnston一样不幸的是捷克斯洛伐克的天皇巨星伦德尔(Ivan Lendl)。他从1982年到1989年连续8次打进美国公开赛决赛,平了伟大的Bill Tilden所创下的纪录。遗憾的是,他所处的时代也是一个英才辈出的时代。前有康纳斯、麦肯罗、博格,后有维兰德、贝克尔、埃德伯格,任何时候总是有他难以应付的对手。因而他仅在1985—1987年拿了三次冠军。伦德尔职业生涯中共打入大满贯赛事决赛19次,远远超过了Roy Emerson、Rod Laver和桑普拉斯,但他一共只拿到了8个冠军,实在是终生憾事。

女单选手是Molla Bjurstedt Mallory,共10次打入决赛。而Helen Wills Moody和埃弗特(Chris Evert)各打入决赛9次,其中埃弗特曾于1975至1980年连续6年打入决赛。

⑩ 决赛局数最高纪录:

男单为1949年决赛。21岁的Pancho Gonzales以16:18、2:6、6:1、6:2、6:4击败了Ted Schroeder夺得冠军,双方共打了67局。然而这还不是这位马拉松战役专家的最高纪录。20年后的1969年,41岁的Gonzales在温布尔登网球锦标赛上对Charlie Pasarell一役打出了22:24、1:6、16:14、6:3、11:9这样空前绝后的比分,共打了112局,耗时5小时12分,令人叹为观止。

美国公开赛上耗时最长的比赛是1992年埃德伯格对张德培的一场,共打了5小时26分钟。

女单在1900年以前有几届采用过五盘三胜制决赛,其中1898年Juliette Atkinson以6:3、5:7、6:4、2:6、7:5击败Marion Jones共打了51局。三盘两胜制决赛的局数最高纪录为1948年决赛,Margaret Osborne duPont苦战48局,以4:6、6:4、15:13击败了宿敌Louise Brough,首次赢得美国公开赛冠军。

⑪ "最长的一天":

1984年9月8日进行了三场令人难忘的比赛。在女单决赛中,纳芙拉蒂洛娃经过三盘苦战以4:6、6:4、6:4反败为胜,击败了第9次在决赛中出场的老对手埃弗特,蝉联冠军。在男单半决赛中,伦德尔打满五盘才以3:6、6:3、6:4、6:7、7:6险胜澳大利亚的卡什。接着麦肯罗又花了五盘才挡住了欲夺三连冠的康纳斯,比分为6:4、4:6、7:5、4:6、6:3。整个比赛从上午11点开始,直至晚上11点16分结束,共打了12个小时。这一天成为美国公开赛历史上最著名的一天。

⑫ 大满贯之最:

由于四大网球公开赛的场地不同,要求运动员的技术特点也各异,这就使得能够夺得"大满贯"的选手尤为引人注目。所谓"大满贯",这是网球运动的王冠称号。是指一位或一对网球运动员能够累积获得温布尔登网球锦标赛、美国网球公开赛、法国网球公开赛、澳大利亚网球公开赛这四大网球赛的冠军,即为获得"大满贯"。而在从1月到12月的一年内获得这四项大满贯的选手则被称做"金满贯"。

历史上第一位获得"大满贯"称号的网球选手是费雷德里克-约翰-佩里。1909年5月18日出生于英国的男运动员费雷德里克-约翰-佩里,在1935年赢得法国网球公开赛单打冠军时,首次实现了"大满贯"。

历史上第一位在一年内囊括四大网球赛冠军的"金满贯"的男子球员是东尼·布杰,而且他还在1937年和1938年,连续两年囊括了温布尔登锦标赛的单打、双打(与杰尼·麦克合作)和混双(与艾莉斯·美宝合作)金牌。

历史上惟一一位两度实现"金满贯"的选手是洛·拉弗尔,他在1962年和1969年两度实现了在一年内囊括四大网球赛冠军的壮举。

世界网球史上曾有4名女运动员赢得过"大满贯"。她们是:美国的康诺利、澳大利亚的考特、美籍捷克人纳芙拉蒂诺娃和德国的格拉芙。

世界网球史上囊括大满贯冠军的男选手共有五位。他们是:唐-布格、罗德-拉威尔、弗雷德里克-约翰-佩里、罗伊-埃默森和阿加西。

⑬ 职业生涯获得冠军之最:

获得单打冠军最多的世界纪录:男选手方面是美国名将彼

德·桑普拉斯,在职业生涯中共获得了64项单打冠军;女选手中,美国老将纳芙拉蒂洛娃以167项女单冠军使无人能出其右。

获得双打冠军个数的世界纪录:荷兰人汤姆·奥克尔职业生涯中共获得了78个双打冠军。

夺冠次数最多的双打组合:澳大利亚选手伍德布里奇与同胞伍德福德合作获得过创纪录的61个双打冠军。

⑭ 发球时速之最:

男子:在2003年英国女王俱乐部杯草地网球赛半决赛中,20岁的美国小将罗迪克打出了一记时速高达149英里(239.7公里)的发球,追平了英国人鲁塞德斯基沉睡了5年的世界纪录。

女子:1998年10月17日,在欧洲室内网球锦标赛上,美国黑人选手小威廉姆斯以205公里/小时的速度创造女子网球发球最快的世界纪录。

⑮ 奖金之最:

奖金最为丰厚的赛事:美国网球公开赛,这项赛事在2003年的总奖金达到1 500万美元,其中男子和女子单打的冠军奖金均达到了100万美元。

历史上首位奖金收入突破100万美元大关的网球选手:洛·拉弗尔,他在职业生涯中总共夺得47项锦标赛冠军,22度获得亚军,并37次在双打比赛中称雄。

历史上首位在一年内奖金收入超过100万美元的女子球员是比利·琼·金,1971年,她成为历史上首位在一年内奖金收入超过100万美元的女子球员。她无论在单打还是双打项目上都取得了杰出的成绩,总共赢得过6次温布尔登公开赛和4次美国公开赛单打冠军,并获得4座法国公开赛奖杯(其中1座为单打)和2座澳大利亚公开赛奖杯(其中1座为单打)。

至目前为止,总奖金最多的选手:美国名将彼德·桑普拉斯,他在职业生涯中的奖金总数超过了4 000万美元。

奖金最少的大满贯赛事冠军：阿瑟·阿什在1968年夺得美网男单冠军，这是自1955年以来美国球员首次夺冠，当时男单冠军奖金为1.4万美元，但阿瑟·阿什由于是以业余球员身份参赛，只得到了280美元。

（3）法国网球公开赛（French Open）。

场地类型：红土；举行地点：巴黎。

法国网球公开赛始创于1891年，比温布尔登网球锦标赛晚14年，通常在每年的5月至6月举行。是继澳大利亚公开赛之后，每年第二个进行的公开赛。法国网球公开赛开始时只限于本国人参加，1925年以后对外开放，成为公开赛。法国网球公开赛的场地设在巴黎西部的罗兰·卡罗斯的大型体育场内，这座体育场建于1927年，以在一次大战中为国捐躯的空中英雄罗兰·卡罗斯的名字命名。同时也是法国网球黄金时期的象征。因为它是直接为庆祝被称为"四骑士"的四名法国人首次捧回戴维斯杯，准备翌年的卫冕战而特意修建的。它的建筑古典优雅，别具一格，建在一丛丛栗树下，枝叶掩映，令人心旷神怡。获得这个公开赛桂冠的选手也与温布尔登赛冠军一样名震世界。罗兰·卡罗斯球场属慢速红土球场，利于底线对抗，每场比赛采用5盘3胜淘汰制，所以一场比赛打上4个小时是很正常的。因此在这样的球场要获取优胜是不易的，球员要有超人的技术和惊人的毅力。

在法国网球公开赛史上特别值得一提的是，1989年，17岁的美籍华裔选手张德培曾先后挫败伦德尔和埃德伯格等名将，成为这个公开赛最年轻的男单冠军，也是第一位获此殊荣的亚洲血统的选手。

【法网之最】

① 获得冠军最多的球员：

男子：博格（瑞典），6次（1974年、1975年、1978年、1979年、1980年和1981年）

女子：埃弗特（美国），7 次（1974 年、1975 年、1979 年、1980 年、1983 年、1985 年和 1986 年）

② 获得单打和双打冠军最多的球员：

男子：考赫特（法国），9 次（4 次单打、3 次双打、2 次混双）

女子：史密斯-考特（澳大利亚），13 次（5 次单打、4 次双打、4 次混双）

③ 蝉联冠军最多的球员：

男子：博格，4 次（1979—1981 年）

女子：威尔斯-伍迪，3 次（1928—1930 年）；斯佩尔林（德国），3 次（1935—1937 年）；塞莱斯（美国），3 次（1990—1992 年）

④ 获得双打冠军最多的球员：

男子：艾默森（澳大利亚），6 次

女子：纳芙拉蒂洛娃（美国），7 次

⑤ 获得少年和成年组单打冠军的球员：

男子：罗斯瓦尔（澳大利亚）、艾默森、吉米诺（西班牙）、韦兰德（瑞典）和伦德尔（捷克）

女子：杜尔（法国）、尤索维克（南斯拉夫）、曼德里科娃（捷克）

⑥ 获得冠军最长的时间：

男子：罗斯瓦尔，15 年（从 1953 年到 1968 年）

女子：埃弗特，12 年（从 1974 年到 1986 年）

⑦ 左手持拍冠军得主：

男子：伯纳德（法国），1946 年；德罗伯尼（捷克），1951 年和 1952 年；罗斯（澳大利亚），1958 年；拉威尔（澳大利亚），1962 年和 1969 年；罗奇（澳大利亚），1966 年；维拉斯（阿根廷），1977 年；戈梅兹（厄瓜多尔），1990 年；穆斯特（奥地利），1995 年。

女子：斯卡里文（德国），1933 年和 1934 年；安达姆森-兰德里（法国），1948 年；海顿-琼斯（德国），1961 年和 1966 年；纳芙拉蒂洛娃,1982 年和 1984 年;塞莱斯,1990—1992 年。

⑧ 最年轻的冠军:

男子: 张德培(美国),17 岁零 3 个月

女子: 塞莱斯,16 岁零 6 个月

⑨ 最年长的冠军:

男子: 吉米诺,34 岁零 10 个月(1972 年)

女子: 克罗莫科西(匈牙利),34 岁零 11 个月

⑩ 时间最长的决赛:

男子: 韦兰德胜维拉斯,4 小时 42 分

女子: 桑切斯胜格拉芙,2 小时 58 分

⑪ 时间最短的决赛:

男子: 科德斯(捷克)胜弗兰乌诺维奇,1 小时零 8 分

女子: 格拉芙胜兹韦列娃(白俄罗斯),34 分

⑫ 局数最多的决赛:

男子: 拉科斯特(法国)胜蒂尔登(美国),61 局

女子: 莫蒂梅尔(德国)胜科诺德(美国),38 局

⑬ 平局最多的决赛:

男子: 伦德尔胜麦肯罗(美国),51 次

女子: 史密斯-考特胜埃弗特,36 次

⑭ 局数最少的决赛:

男子: 维拉斯胜戈特佛雷德(美国),21 局

女子: 格拉芙胜兹韦列娃,12 局

(4) 澳大利亚网球公开赛(Australian Open)。

场地类型: 硬地; 举行地点: 墨尔本。

澳大利亚网球公开赛始于 1905 年,是四大网球公开赛中最年轻的一个。比赛于每年的 1—2 月在澳大利亚墨尔本国家网球中心举行。澳网公开赛最初只设男子单打比赛,1922 年增设女子单打比赛,后又设立了男、女双打和混合双打比赛。1968 年,国际网

球职业化后它被列为四大公开赛之一。澳网的国家网球中心占地19公顷,拥有正式赛场25个。由于是硬地网球场,不仅有利于底线抽击,也适合发球上网。既能打上旋球、下旋球,也可以挑高球和放短球,所以打法全面的选手在这里会占到一定优势。但是,墨尔本酷热的气候使球员体力消耗大,发挥不稳定,容易影响比赛水平的发挥。在创办后的很长一段时间里,由于欧美大陆选手参加者不很踊跃,公开赛的冠军均为本地人获得。从1948年起到1978年,男、女单打冠军多为澳大利亚选手夺得。而进入80年代后,却没有一名本地选手有幸获此殊荣。

【澳网之最】

① 获男单冠军次数最多者:

澳大利亚名将埃默森(Roy Emerson),获男单冠军共6次(1961年,1963—1967年)。他共获得了12个大满贯赛事的男单冠军。

② 获女单冠军次数最多者:

澳大利亚网球女王Margaret Smith Court,获女单冠军共11次(1960—1966年,1969—1971年,1973年)。现在提起女子网球,言必称纳芙拉蒂洛娃、埃弗特、格拉芙,却不知Margaret Smith Court曾获得过24个大满贯赛事的女单冠军,成就还在这些人之上。其11次夺得澳大利亚公开赛女单冠军的纪录在大满贯赛事的历史上前无古人,也许会后无来者。

③ 蝉联单打冠军次数最多者:

男单:埃默森于1963—1967年赢得五连冠。这一成就无人能及。自那以后,男单连三连冠的选手都找不出来。

女单:毫无疑问是Margaret Smith Court,她在1960—1966年创下的七连冠纪录恐怕也很难被打破了。

④ 获冠军总数最多者:

男子是澳大利亚的Adrian Quist。这位双打高手在1936—

1950 年间获得 3 次男单冠军,10 次男双冠军,共 13 个冠军。

女子是澳大利亚的 Margaret Smith Court,她除赢得 11 次女单冠军外,还获得 8 次女双冠军、2 次混双冠军,共 21 个冠军。

⑤ 最年轻的单打冠军:

男单是澳大利亚选手 Ken Rosewall,1953 年他赢得平生第一个大满贯赛事冠军时,年仅 18 岁零 2 个月。

女单是瑞士小将辛吉斯,1997 年她首次夺冠时,年仅 16 岁零 3 个月。

⑥ 最年长的单打冠军:

男单仍然是澳大利亚长青树 Ken Rosewall,1972 年他第 4 次也是最后一次在澳大利亚公开赛夺冠,时年已 37 岁零 2 个月,距他首次夺冠已有 19 年。

女单为 Thelma Long,她在 1954 年夺冠时已 35 岁零 8 个月。

⑦ 决赛局数最高纪录:

男单为 1927 年决赛。Gerald Patterson 以 3∶6、6∶4、3∶6、18∶16、6∶3 击败 John Hawkes,整场比赛共进行了 71 局。

女单为 1930 年决赛。Daphne Akhurst 以 10∶8、2∶6、7∶5 力克 Sylvia Harper,第 5 次赢得冠军,双方共打了 38 局。

⑧ 最长比赛纪录:

澳大利亚公开赛上局数最多的比赛是 1970 年 Dennis Ralston 在四分之一决赛中以 19∶17、20∶18、4∶6、6∶3 击败 John Newcombe的一场,共打了 93 局,耗时 4 小时 41 分钟。

⑨ 耗时最长的比赛:

是 1991 年德国名将贝克尔在第 3 轮以 7∶6、7∶6、0∶6、4∶6、23∶21 险胜 Omar Camporese 的一场,共打了 5 小时 11 分钟。贝克尔最终获得了冠军。

⑩ 最大冷门纪录:

这当然很难决定,不过一般认为是 1976 年澳大利亚公开赛男单比赛。当时世界排名 212 位的澳大利亚无名小卒 Mark Edmondson异军突起，在半决赛中力克头号种子、41 岁的长青树 Ken Rosewall，决赛中又击败卫冕冠军、名将 John Newcombe，成为网球史上获得大满贯赛事冠军的选手中排名最低者，也是第一位赢得大满贯赛事冠军的非种子选手。更令人惊异的是，这是他获得的第一个冠军。这不但是澳大利亚公开赛上的最大冷门，大概也是职业网球史上的最大冷门。欣喜若狂的澳大利亚球迷大概怎么也没想到，这居然是澳洲选手最后一次染指澳网男单桂冠。Mark Edmondson 在这惊人一战之后在单打上再无建树，转而成为一名双打好手，后来又数次赢得大满贯赛事男双冠军。

1978 年，Chris O'Neil 在决赛中以 6：3、7：6 击败 Betsy Nagelson，成为首位赢得澳大利亚公开赛女单冠军的非种子选手。

2. ATP 九站大师赛

ATP 世界锦标赛的前身是“世界网球大师赛”，由国际网联在 1970 年创办。这起赛事实际上是全年的网球大奖赛的总决赛。参赛人数限定为 8 人，即只有排名世界前 8 位的选手才有资格参加。如果有选手因伤缺席，则排名 8 位以后的选手依次替补。8 名选手分为两组，在各组内进行单循环赛。根据小组赛的战绩确定小组名次，各小组的前两名交叉进入半决赛。这种赛制使高手之间尽可能地多交手，保证比赛的公正性。

1970 年至 1988 年，“大师赛”在美国纽约的麦迪逊广场体育馆的室内场地上举行。1989 年，职业网联接管了除大满贯比赛以外的所有大奖赛的主办权。“大师赛”也随之易名为 ATP 锦标赛，比赛地点移到了德国的法兰克福。ATP 在采用新的“最佳 14 场比赛”电脑排名法的同时，给 ATP 锦标赛规定了相应的电脑积分。选手每赢一场比赛都能获得一定的分数，而最终夺得冠军的选手累计获得的分数几乎与一个大满贯赛事冠军的分数一样多。这无疑大大地刺激了运动员比赛的热情。同时，全年选手的排名名次只有在该赛事结束后才能确定，而世界1号种子的称号也可能在这全年的最后一场比赛中被2号或3号选手夺去。这更引起观众和新闻界的极大关注。由于该项比赛重要性的提高，有人甚至称其为“第五个大满贯赛”。

然而，这项王冠的争夺，毕竟只能有8个人参加比赛，而为了取得参赛资格，选手们必须在先前的比赛中发挥良好，取得足够的积分。因此，获得ATP世界锦标赛冠军的选手，常被人们称为“王中之王”。

(1) 第1站。印第安纳威尔斯大师赛：3月8日至21日，总奖金：2 779 600美元。

作为新赛季大师系列赛的首站赛事，奖金总额在九站大师系列赛中只算中等的印第安纳威尔斯大师赛，更多的是给球手们一个争夺新赛季开门红的机会，而且也是为了球手们有机会为紧跟着开战的迈阿密大师赛热身。

(2) 第2站。迈阿密大师赛：3月24日至4月4日。

这项传统赛事一直以来都被视为桑普拉斯、阿加西等美国老将的自留地，阿加西更是在这块赛场上成就了前无古人的三连冠。

(3) 第3站。蒙特卡洛大师赛：4月17日至25日。

蒙特卡洛是欧洲富豪们向往的居住地，而在这里举行的大师赛，将揭开本年度红土赛季的序幕，尤其是这项赛事往往被看做法网公开赛的试金石，因此格外引人注目。

(4) 第4站。罗马大师赛：5月3日至9日。

(5) 第5站。汉堡大师赛：5月10日至16日。

这是两个背靠背的红土场大师系列赛，也是球手们为法网公开赛进行热身的最好机会。在5月上中旬进行的4、5站两项赛事，将为本年度国际网坛沸沸扬扬的气氛添上一把“薪柴”。

(6) 第6站。多伦多大师赛：7月26日至8月1日。

(7) 第7站。辛辛那提大师赛：8月2日至8日。

6、7 站的比赛也是两项背靠背的赛事。在经历了法网公开赛和温布尔登公开赛的高潮迭起之后，球手们大多身心疲惫，但为了年内最后一项大满贯赛事即美国网球公开赛的锦标，球手们不得不从红土场到草地球场，再从草地球场转向硬地球场，连番恶战将会影响这两项赛事的质量。

(8) 第 8 站。马德里大师赛：10 月 18 日至 24 日。

结束了美国公开赛的辉煌，重返欧洲大陆的球手们开始为年终大师总决赛作最后的冲刺。从以往的经验来看，除了在大满贯赛事中折桂的球员外，其他处于 ATP 冠军积分榜 5 ~ 8 位的球员，将会从马德里大师赛开始，为年终大师杯赛的参赛资格作最后的冲刺。

(9) 第 9 站。巴黎大师赛：1 月 1 日至 7 日。

全年九站大师系列赛的收官之战，也会是那些渴望得到年终大师杯赛入场券的球员们最后的救命稻草。而对于那些已稳获年终大师杯参赛资格的球员来说，巴黎大师赛更多的是休养生息和提供热身的机会。

3. 大师杯总决赛

大师杯总决赛自 11 月 12 日至 11 月 18 日举行，它是男子职业网球巡回赛的总决赛，是由 ATP、大满贯和国际网球联盟共同拥有的。在每年最后的一场 ATP 巡回赛结束后的星期一，在 ATP 锦标计分排名表上排名前七位的选手才有资格。第 8 个名额将留给最近的大满贯得主，他可以不在世界前 8 位，但一定要在前 20 位，或是在 ATP 锦标计分排名中第 8 位的选手。它汇集了在当年从巡回赛中排名最靠前的 8 位顶级选手来争夺世界第一的王冠。这项只有男单项目的赛事总奖金高达 370 万美元，冠军可拿到超过 100 万美元，对每一位选手来说，这都是奖金最高的的网球赛事。

4. 戴维斯杯网球赛

戴维斯杯(Davis Cup)网球赛是每年一度的世界男子网球团

体赛,也是世界网坛层次最高、影响最大的国际性团体赛,由国际网球联合会主办,是除奥林匹克网球比赛外历史最长的网球比赛。因系美国青年德威特·菲利·戴维斯倡议举办,并捐赠当时价值1 000万英镑的镀金银杯授于冠军队,故名"戴维斯杯网球锦标赛"。第一届戴维斯杯网球赛于1900年在美国波士顿举办,仅美国和英国参加,戴维斯本人是美国队的队长兼运动员,并在当年的比赛中带领美国队以3∶0战胜英国队捧走奖杯。由于参加国家的增多,1923年起分为美洲区和欧洲区,两个区先进行分区预赛,然后再决赛。1981年开始采取分为两级的升降级比赛办法。1952年,由于参赛队的增加,除原美洲区和欧洲区外,又增加了一个东方区,分3个区先进行预赛,然后产生次冠军队,再向上届冠军队挑战。1966年,欧洲参赛队剧增,又从3个区分成4个区,即美洲区、东方区、欧洲A区、欧洲B区(非洲国家参加欧洲B区)。1970年成立了一个委员会,专门研究讨论竞赛规则的改革,较多国家认为卫冕国家以逸待劳,迎战疲惫不堪的挑战队,未免有失公允,所以在1971年通过了一项决议,取消了"挑战赛"制度,从1972年起,冠军队也毫无例外地必须从第一轮开始比赛,至于决赛地点的选择,由抽签决定。这项改革过后,再也没有出现像美国和澳大利亚那样年复一年地垄断桂冠的局面。

随着比赛历史的增加,原有的制度不再适合新的形势,所以戴维斯杯比赛的规则也随之而改变。在1980年7月和1988年分别对规则做了比较大的修改,把原来的东方区改为亚太区,又分为亚太1组和亚太2组,水平高的在1组。1组的上下半区各出线一个队。把原欧洲A区、欧洲B区,改为欧非区1组,其中仍分为A区和B区,每区的前两名出线参加世界组的资格赛。又增设了欧洲区2组和非洲区2组。所有区的2组都是该区水平较低的。这样,亚太区1组,美洲区1组和欧非区1组的A区和B区,各出线的2个队,共8个队,进入世界组的预选赛,同当年世界组16个队中第一轮被淘汰的8个队抽签对阵,捉对厮杀,胜者升到第二年世界组,成为16强争夺戴维斯杯,负者回到各区的1组,第2年再战。

戴维斯杯比赛采用4单1双,5场3胜制。无论哪一级的团体赛,比赛时间都是三天。第一天两场单打,第二天一场双打,第三天又是两场单打。第一和第二天为5盘3胜制,第三天为3盘2胜制。获得戴维斯杯次数较多的国家有美国、澳大利亚、英国和法国等。

5. 联合会杯网球赛

联合会杯(Fed Cup)网球赛是每年一度的世界女子网球团体赛,它是1963年为庆祝国际网联成立50周年而创办的。联合会杯网球赛是和戴维斯杯赛齐名的团体赛事,是各国网球整体实力的大检阅。第一届联合会杯比赛是在伦敦的女子俱乐部进行的,共有16支代表队参加。联合会杯赛每年举办一次,至2000年已举办了38届。随着女子网球运动的不断普及,参加联合会杯赛的国家也慢慢地增加起来。

联合会杯网球赛仿效戴维斯杯赛的比赛办法,实行"联合会杯新赛制",由上年联合会杯寨四分之一决赛的8个队组成世界组,其余8个队成为A组。这两组的比赛采用一次主场和一次客场的比赛方法。在世界组中,第一轮获胜的4个队进行半决赛,第一轮失败的4个队与A组中获胜的4个队进行比赛,比赛中获胜的队进入下年的世界组。A组中第一轮失败的队同各区中获胜的队进行比赛,然后由4支获胜的队进入下年度A组比赛。4支失败的队则参加下年度的区级比赛。

世界组和A组的比赛采用5场3胜制,第一天进行两场单打,第二天进行两场单打和一场双打。其双打放在最后进行。

6. 霍普曼杯网球赛

与久负盛名的戴维斯杯(Davis Cup)网球赛和联合会杯(Fed

Cup)网球赛相比,霍普曼杯(Hopman Cup)网球赛的名字还不是很响亮。它是以澳大利亚网坛传奇人物霍普曼(Harry Hopman)的名字命名的世界网球混合团体赛,其地位相当于羽毛球的苏迪曼杯赛。

哈里·霍普曼(Harry Hopman)是澳大利亚著名网球选手,但他更伟大的成就是作为教练取得的。澳洲无数天王巨星级的球员都出自他的门下,其中有两次夺得男子网球"大满贯"的巨星拉沃(Rod Laver)、目前仍保持着 12 个大满贯男单冠军纪录的埃默森(Roy Emerson)等。澳大利亚队在他的率领下令人难以置信地 15 次夺得戴维斯杯。20 世纪 70 年代霍普曼移居美国后,他又培养出麦肯罗(John McEnroe)、戈麦斯(Andres Gomez)等巨星。

霍普曼一直希望能举办一个与戴维斯杯网球赛和联合会杯网球赛相当的混合团体赛。在他的门生 Paul McNamee 和 Charlie Fancutt 的努力下,第一届 Hopman Cup 网球赛终于在 1988 年 12 月 28 日开幕,有 8 支队参加了淘汰制的比赛。每队男女选手各一人,进行男单、女单和混双三场比赛,每场比赛采用三盘两胜制(这一方式延续至今)。Lucy Hopman 夫人每年均亲自为冠军发奖。目前,比赛由韩国现代集团赞助,总奖金达 90 万美元。霍普曼杯赛赛制由淘汰赛改为分组循环赛,两个小组的第一名争夺冠军。

随着霍普曼杯网球赛的影响不断扩大,许多世界级高手均前来参赛。网坛女王格拉芙(Steffi Graf)从第一届就开始参加,使赛会增色不少。第四届时还出现了格拉芙和贝克尔(Borris Becker)这样空前绝后的梦幻组合,可惜他们时运不济,因格拉芙染病而与冠军失之交臂。格拉芙的不懈努力在第五届终于得到了回报,她与另一位超级球星 Michael Stich 合作首次将霍普曼杯捧回德国。其他参加过霍普曼杯的明星还有桑切斯兄妹、塞莱斯、诺沃特娜、辛吉斯、麦肯罗、维兰德、卡什、科达、伊万尼塞维奇等。相比之下,美国选手对霍普曼杯网球赛的重视程度远不及其他国家,一度称霸网坛的桑普拉斯、阿加西、威廉姆斯姐妹等均未参加过该赛事。

1996年,霍普曼杯网球赛被国际网联(ITF)正式承认为官方的世界混合团体赛,虽然其影响力目前还远不及戴维斯杯网球赛和联合会杯网球赛,但相信今后它将越来越受到重视,比赛也将更加精彩。

第三部分 世界网坛顶尖选手介绍

一、男子选手

1. 博格

布约恩·博格,1956年生于瑞典斯德哥尔摩附近的南泰利耶。他9岁开始学打网球,两年后,又得到瑞典网球名将鲁斯伯格的培养。14岁时,博格击败所有参加瑞典少年网球冠军赛的选手,扬名瑞典全国。1972年5月,当时还不到16岁的博格在戴维斯杯网球赛中竟战胜了一位新西兰名将。以后在1973年至1981年的8年间,博格共赢得6次法国网球公开赛男子单打冠军;1976年至1980年,他连续5次夺走温布尔登网球锦标赛男子单打桂冠;1974年和1978年,他两次在意大利国际网球赛中获胜;1976年,他在达拉斯举行的世界锦标赛中夺冠;1979年和1980年,他两次在精英赛中获得冠军;1975年,他瑞典队获戴维斯杯网球赛冠军时,他又是主要功臣。

博格的胜利与他独特的打法有关。他能在底线或中场以正、反手提拉球控制全场。博格比赛时沉着冷静,意志顽强,即使处于领先地位也每球必争,直到最后胜利。博格不仅球艺高超,而且具有良好的体育道德,在赛场上他素以举止文明而著称。他曾于1979年来中国参加"北欧银行杯"网球赛,给中国人民留下了极深的印象。

1983年3月,这位曾叱咤网坛多年的世界明星宣告退出职业网坛,结束了他的网球生涯。进入90年代后,博格曾再返网坛,但毕竟是长江后浪推前浪,“博格时代”一去不复返了。

2. 麦肯罗

1981年7月,当21岁的美国选手约翰·麦肯罗从“五连冠”的博格手中夺走温布尔登网球锦标赛男子单打的桂冠时,几乎所有的网坛人士都认为:世界网坛的一个新时代开始了。麦肯罗没有辜负人们的希望,1981年、1983年和1984年他连续三次获得温布尔登网球锦标赛冠军,并被评为世界最佳网球选手。1979年、1980年、1983年、1984年,他又4次在美国网球公开赛中夺魁。

麦肯罗8岁开始参加网球训练,在大学学习一年后成为一名职业运动员。他于1977年首次参加温布尔登网球锦标赛,1978年开始参加职业网球巡回赛。有人说,麦肯罗是惟一一位技术最全面的男子网球运动员,他打法多样,技术超群,但他脾气过于暴躁,常在赛场上做出“过火行为”,所以落了个“坏小子”的名声。但是,麦肯罗并不像人们想象的那么坏,他始终愿意代表他的国家参加戴维斯杯网球赛;他从不回避赛后的记者招待会,无论输赢总是努力回答任何合乎情理的提问;他曾为抗议南非实行种族歧视的政策而拒绝去南非参赛。1994年,麦肯罗曾来到中国上海,与张德培一起争夺金花网球锦标赛的桂冠。

3. 伦德尔

伊万·伦德尔出生在捷克斯洛伐克中北部的煤城俄斯特拉发。他的父亲是位爱好网球运动的律师,母亲则是在国内网坛高居第二位的优秀选手。幼小的伦德尔在父母的指导下开始打球,很是着迷,进步也很快。1975年,年仅15岁的伦德尔开始走向世界打巡回赛。

1978年,伦德尔被国际网联评为第一个青少年世界网球冠军。但球运不佳,直到 1985 年,这位 25 岁的捷克青年才真正功成名就。首先他从麦肯罗手里夺得美国网球公开赛桂冠,而后连连获胜,他以出色的战绩在 1985 年首次登上了世界头号选手的宝座。此后两年,伦德尔共赢得 18 个世界大赛的冠军,其中包括法国网球公开赛、美国网球公开赛和纽约精英赛冠军各 2 次。从 1985 年到 1987 年,伦德尔是继博格和麦肯罗之后,第三个连续三次荣获国际网联评选的世界网球冠军称号的选手,开创了国际男子网坛的“伦德尔时代”。

伦德尔有其独特的技术风格,他在赛场上从不打防御性的挡开球,而是善于利用自己的高大身材和两条长臂,以一种近似激烈的击球节奏使对手处于被动地位。当对手在后场被迫左右奔跑的时候,他却站在中线附近盯住对手。这样,伦德尔所需的场地面积似乎很小,而实际上他的活动范围却更大了。他的发球非常凌厉,还擅长底线抽杀,正手长抽尤称一绝,而且临场表现稳定。但是,伦德尔不擅长在草地网球场上进行比赛,因而从未能在温布尔登网球锦标赛中夺魁。

1994 年 12 月,34 岁的伦德尔正式宣布挂拍。在十几年的网坛生涯中,伦德尔排名世界第一的时间长达 270 周,这一纪录至今无人打破。

4. 康纳斯

吉米·康纳斯是左手持拍的美国运动员,他 6 岁开始练球,是母亲把他培养成才的。康纳斯最早走红是在 1974 年,那年他荣登温布尔登网球锦标赛男单冠军宝座,后又连续几年在世界职业网球男选手的排名表上名列榜首。博格的出现,使这位美国选手一度沉静。但当麦肯罗取代博格后,30 岁的康纳斯又卷土重来。1982 年 7 月,他在温布尔登网球锦标赛中,连克数名强将,最后与麦肯罗在决赛中相遇,经过 4 小时 14 分的鏖战,再次摘取了这项大赛的桂冠。同年 9 月,他又在美国网球公开赛中击败伦德尔,赢得男子单打冠军，从而荣获了1982年“世界最佳运动员”称号。1980年，康纳斯曾来到中国，参加在广州举行的万宝路网球大奖赛，并夺得了第一名。

1991年，39岁的吉米·康纳斯再次打进美国公开赛的半决赛。在职业网球生涯中，康纳斯曾夺得109个锦标赛冠军，包括5个美国公开赛、2个温布尔登锦标赛和1个澳大利亚公开赛的桂冠，他曾保持了159周的世界排名第一。

5. 贝克尔

鲍里斯·贝克尔，出生在德国海德市以南的莱门镇，他从小就和叔叔在当地的“蓝·白”俱乐部学习打网球，10岁时赢得该俱乐部冠军。1983年，15岁的贝克尔开始走上国际赛场，在当时的男子单打排名表上他被列为第164号。

1985年6月，他获得全英“女王杯”网球赛冠军，这使他在世界网球男选手中的排名一下子跃居第20位。同年7月，年仅17岁的贝克尔在温布尔登网球锦标赛男子单打比赛中，一路过关斩将，夺得桂冠，成为温布尔登99年的历史上第一个夺魁的非种子选手、第一个登上冠军领奖台的联邦德国选手和最年轻的男单冠军。当时的联邦德国曾为此举国欢庆。这一年，贝克尔在世界网坛上的排名仅在伦德尔之后，列世界第二位。

在世界网坛上，贝克尔的实力和气质曾得到许多行家甚至对手的赏识。他发球力量大，上网速度惊人，空中截击球角度又大又刁。他在比赛场上的那股镇定自若的气度，很像一个久经沙场的老将。为此，一些行家和舆论纷纷认为，能取代伦德尔者，非贝克尔莫属。然而，贝克尔在1987年的战绩并不令人满意，不仅丢掉了温布尔登网球锦标赛的王冠，而且在其他大赛中也无惊人之举。但是，1992年，贝克尔重又赢得了辉煌，他获得了ATP世界锦标赛的冠军，成了“王中之王”。1994年他又获得这个赛事的亚军。

6. 埃德贝里(埃德伯格)

1988年7月,22岁的斯泰凡·埃德贝里,以3:1力克联邦德国名将贝克尔后,终于登上了温布尔登网球锦标赛男子单打冠军的宝座,成为继博格以后第二个获得温布尔登网球锦标赛男单冠军的瑞典人。埃德贝里的胜利并没有使人们感到意外,因为早在6年前(1982年),埃德贝里就显示了他非凡的运动才华。当时,年仅16岁的埃德贝里曾一连夺得四大网球赛的全部少年单打冠军。1985年,他在澳大利亚网球公开赛上力挫群雄,获得冠军。1987年,他再度在澳大利亚网球公开赛上获得男子单打冠军,同时还与队友亚里德合作,夺走了男子双打冠军,这使他在世界网球排名表上跃升到了第二位。1991年,国际职业网协排名时埃德贝里已名列第一。

7. 张德培

1989年6月,在法国巴黎的罗兰·卡罗斯中心网球场刮起了一股强劲的“张德培旋风”。美籍华裔网球选手张德培力克世界网坛排名第一的伦德尔和排名第三的埃德贝里,以及苏联头号种子选手安德烈·切斯诺可夫,独执法国网球公开赛之牛耳,一举成为世界上最年轻的冠军和第一个摘此桂冠的炎黄后代。

张德培,祖籍中国广东省,1972年出生于美国新泽西州。张德培的父母都是台湾移居美国的化学工作者。张德培从小生长在这样一个颇具中国传统文化特色的家庭里,同时又接受美国式的学校教育,因此在张德培身上十分突出地表现出东西方文化交融的“双重人格”。

作为一名美国公民,张德培在世界网坛上取得的卓越成就无疑也为美国赢得了巨大荣誉。他在法国公开赛上的夺标,打破了“美国网球选手的红土魔咒”。美国选手自1955年由东尼·特拉伯特在巴黎红土球场首摘桂冠后,34年中曾有494名选手参加法国公开赛,其中包括名将康纳斯、麦肯罗等在内,但均无人问鼎这一王冠,是张德培成为美国在法国公开赛中“34 年干旱的救星”,实现了“美国的希望”。当然,张德培作为一名外籍华人,也为美国 120 多万华裔,甚至为海外 3 000 万华侨、外籍华人引为自豪。

张德培自 17 岁摘得法国网球公开赛王冠后,一直拼杀于竞争残酷的职业网坛,其排名曾一度保持在世界前十位。他曾数次来中国参加网球赛,特别是北京 1993 年、1994 年沙龙网球赛,他两次夺冠更是给中国球迷留下了难以忘怀的印象,也坚定了中国网球一定能够走向世界的信心。

8. 皮特-桑普拉斯

桑普拉斯的单打最高排名: 1; 冠军争夺战最高排名: 1; 双打最高排名: 27; 单打冠军头衔个数: 63;双打冠军头衔个数: 2。

桑普拉斯是世界网坛的传奇人物,上个世纪 90 年代被称为男子网坛天王级人物。1990 年,桑普拉斯在费城和曼彻斯特夺得第一个 ATP 冠军头衔。他在 19 岁那年击败阿加西,成为最年轻的美网男单冠军,最后三轮分别战胜了伦德尔、麦肯罗和阿加西。同年,桑普拉斯还获得了世界网球大满贯杯赛冠军,得到网球赛有史以来的最高奖赏。那年他在世界的排名达到第 5 位。桑普拉斯是网坛的幸运儿,1993 年,桑普拉斯又继续在美国公开赛上夺冠,并登上了温布尔登锦标赛冠军的宝座,后来连续两年卫冕成功,成为博格之后的第一位温布尔登锦标赛“三连冠”得主。桑普拉斯还是 1994 年澳大利亚公开赛上的冠军得主,并夺得 IBM/ATP 世界锦标赛总决赛的冠军,成为 1994 年网坛的“王中之王”。

桑普拉斯是希腊移民的后裔。对他的成长影响最深的是其启蒙教练菲舍尔。桑普拉斯正统的全能型打法正是菲舍尔当初意图的完美体现。

桑普拉斯技术全面,发球、正手攻击和上网截击是他得分的三大法宝。仅 1994 年,桑普拉斯就在硬地、泥土地、草地和地毯地四种不同的场地上夺得了 10 项冠军。自 1998 年以来,他几乎没有遇到什么对手,他的为人及球技都为网球界内外所称道。

在一次由网球专家所进行的评选中,他被评为近25年以来最出色的男网选手。桑普拉斯说:“每击一个球,我都知道它的威力,有时我觉得自己是不可战胜的。”桑普拉斯希望有对手,那种一枝独秀的感觉总是太凄清孤独。2003年,桑普拉斯退出网坛。

9. 费德勒(Roger Federer)

费德勒:瑞士人,1981年8月8日出生在瑞士的巴塞尔;常住地:伯特明根(瑞士)。身高:6英尺1英寸(1.85米);体重:177磅(80公斤)。握拍为右手,转入职业时间为1998年。单打最高排名:1;冠军争夺战最高排名:1;现世界排名:1;双打最高排名:24;单打冠军头衔个数:37;双打冠军头衔个数:7;2005年战绩:81胜4负;职业战绩:419胜121负。

费德勒是当今男子网坛无可争辩的天王巨星,他连续获得三个大满贯头衔、三个大师赛的冠军,外加四个ATP巡回赛的冠军。说话直来直去的萨芬在马德里大师赛问鼎后就表示:没有费德勒的比赛,即使拿了冠军也只有拿了一个第二的感觉。作为现役球员中单打冠军数量最多的阿加西的评语可能更有说服力,他说:“费德勒是现役球员中最为全面的选手,他做得非常出色,但是我感觉他还没有迎来自己的高峰。”

从技术能力上看,费德勒是近年来男子网坛少见的天才,从其2003年的表现数据来看,从费德勒全年只负6场以及对排名前10的选手的决赛保持全胜的惊人成绩预测,数字化版的费德勒的排名只会在2003年的基础上继续提高。

费德勒虽然只有25岁,但是他似乎深谙网球运动中的张弛之道,在锁定了上年年终第一之后,舆论一致看好他能够打破穆斯特尔创造的单赛季12冠的纪录。费德勒一向简单而快乐,也许这就是高手的境界。

10. 阿加西

阿加西：右手握拍；转入职业时间为1986年。单打最高排名：1；冠军争夺战最高排名：1；现世界排名：8；双打最高排名：123；单打冠军头衔个数：60；双打冠军头衔个数：1；2004年战绩：12胜4负；2005年战绩：38胜12负；职业战绩：863胜268负。

安德烈·阿加西，美籍伊朗人，生于美国拉斯维加斯。当阿加西还只有12岁时，就被父亲送到波立泰里尼网球学校受训。波立泰里尼奉行的是实用主义的网球原则：只要能赢球，什么技术都可以用。阿加西是他一手造就出来的力量型打法的代表。由于曾在波立泰里尼手下受训的阿加西、库里埃、塞莱斯先后脱颖而出，从而使力量型打法几乎成了新的潮流。

阿加西于1992年首登温布尔登网球锦标赛冠军宝座。1994年，他又摘取了美国网球公开赛的桂冠，1995年又首次称雄澳大利亚网球公开赛。阿加西的打法可以用一句话概括，即进攻、进攻、再进攻。他的正、反手击球均抢在最高点或上升期击打，打出的球力量大，相对速度快，常把对手逼得满场乱跑。阿加西比赛时站位离底线很近，而且很少后退，这种迎前抢高点的打法，颇类似于乒乓球中的近台快攻。对于一般球员而言，反手总是弱一些，而阿加西的反手双手握拍的击球则同正手一样强硬有力，真正做到了能在比赛中左右开弓，让对手没有喘息的机会。

作为上个世纪90年代与桑普拉斯齐名的男子网坛天王级人物，阿加西一直以自己的特立独行著称于世。他曾经是那样的狂放不羁，是那样的金发飘飘，但是两次不如意的婚姻毁掉了他的自信心。在经历了职业生涯的最低谷之后，1999年法网的夺冠让我们重新看到了那个久违的网坛天才，而此后他与格拉芙的美满姻缘也得到了全世界网球迷们的祝福。

阿加西顽强不息不服输的精神值得所有人尊重，他目前仍然保持着非常高的竞技水平，他在2003年的澳网比赛中夺得冠军，

2004 年的法网和美网也分别进入八强和获得亚军。在 2005 年的大部分时间中,阿加西一直保持着 ATP 世界排名和冠军争夺战双双位居第一的位置,但是在相继失意于温布尔登锦标赛和美国网球公开赛之后,他现在的位置已经被更为年轻和充满活力的罗迪克、费雷罗、费德勒等所取代。

11. 萨芬(Marat Safin)

萨芬: 俄罗斯人,1980 年 1 月 27 日出生于莫斯科(俄罗斯);常住地: 蒙特卡洛(摩纳哥)。身高: 1.93 米; 体重: 89 公斤。他右手握拍;转入职业时间为 1997 年。单打最高排名: 1;冠军争夺战最高排名: 1;目前世界排名: 49;双打最高排名: 71;单打冠军头衔个数: 15;双打冠军头衔个数: 1;2004 年战绩: 52 胜 23 负;2005 年战绩: 27 胜 11 负;职业战绩: 321 胜 176 负。

有"俄罗斯沙皇"之称的萨芬已经无法阻止人们将他与最伟大的网球选手联系在一起,因为,就是我们普通的网球迷也都能够欣赏到他的网球天赋和能力的超凡脱俗。现在看萨芬打球只有一个鲜明的感受——完美。与其说萨芬在击球,不如说他真正像一个俄罗斯沙皇,用手中的球拍在指挥自己这一个人的部队;而萨芬在百年澳网赛场上也似乎不是在场上奔驰,他根本就是在飘舞。用步态轻盈来救回许多不可思议的来球,用浑然天成的崭新技术将高超的动作轻松地完成。怪不得人们常说:现在看萨芬打球,就如同欣赏艺术体操一样,带给我们的是完美的表演。

12. 纳达尔(Rafael Nadal)

纳达尔: 1986 年 6 月 3 日出生; 常住地: 西班牙马洛卡。身高: 1.82 米 ; 体重: 85 公斤。他左手握拍; 转入职业时间为 2001 年。单打最高排名: 2;现世界排名: 2;双打最高排名: 26;大满贯冠军头衔个数: 1;单打冠军头衔个数: 13;双打冠军头衔个数: 3;2005 年战绩: 79 胜 10 负;职业战绩: 135 胜 41 负。

纳达尔的导师和偶像是西班牙著名网球选手卡洛斯-莫亚,教练是大舅托尼,纳达尔的小舅是西班牙足球甲级联赛著名后卫纳达尔。纳达尔从小就生活在体育之家,这对他的成长很有帮助。纳达尔从 4 岁就开始练习网球,8 岁就参加比赛。2001 年转入职业比赛,业余时间最喜欢踢足球。纳达尔是当今网坛最被看好的希望之星,在不满 18 岁的时候,纳达尔在 ATP 冠军排名列第 20,积分排名第 38,被很多资深网球专家看好,认为他将成为世界第一。

13. 罗迪克(Andy Roddick)

罗迪克: 美国人,1982 年 8 月 30 日出生在美国内布拉斯加州奥马哈;常住地: 雷顿(美国佛罗里达州)。身高: 6 英尺 2 英寸(1.87 米);体重: 190 磅(86 公斤)。他右手握拍; 转入职业时间为2000 年。单打最高排名: 1;冠军争夺战最高排名: 1;现世界排名: 3;双打最高排名: 87;单打冠军头衔个数: 20;双打冠军头衔个数: 2;2004 年战绩: 74 胜 16 负;2005 年战绩: 56 胜 13 负;职业战绩: 307 胜 94 负。

自 2000 年罗迪克转为职业选手以来,世界球迷尤其是美国观众对他的偏爱就从未降低热度,他俨然是桑普拉斯、阿加西后最受期待的美国超新星。显然,他的大力发球有桑普拉斯的风范,而由年轻带来的灵活飞速的奔跑使他更具资本。罗迪克是一个热爱生活、同时也会享受生活的人,他可以在温网休战之余“傻乎乎”地和贝克尔以及自己的教练出席“最弱链接”的娱乐节目,逗所有的人捧腹;他还可以悠闲地穿着沙滩短裤在美网比赛期间晒着太阳,大嚼自己心爱的苹果匹萨。比赛也是生活的一部分,作为新一代的美国年轻偶像,美国文化的精髓在罗迪克身上体现得淋漓尽致。

2004 年整整一年,罗迪克都被笼罩在了费德勒巨大的光环之下,这似乎是一个现代版的“既生瑜,何生亮”。但是,乐观的罗迪克并没有在一次次的失败中显得灰心丧气,温网决赛后他对费德勒说:“为什么每次都是你把我打败,看到你,我真的是心烦意乱……”多伦多大师赛后费德勒给罗迪克的祝辞更绝：“罗杰，请把2005年你的赛程表当做圣诞礼物寄给我，我会尽可能地错开。”在泰国公开赛决赛再一次落败后，罗迪克真诚地向费德勒表示：“虽然我还是不能打败你，但是作为一个伟大的球员，你应该虚心向我和其他人学习，以弥补你技术环节上的不足。”把失败看成是一种财富，把它积极地转化为前进的动力——22岁的罗迪克让人们感到了他的成熟和世故。其实对于他、费德勒以及休伊特来说，他们都有着年少成名、大红大紫的背景，而如何去突破事业上的瓶颈，罗迪克向人们展示了他的“生活哲学”。

没能在2004年的美网赛上再一次在星条旗前举起奖杯，这是罗迪克2004赛季最大的遗憾，在他的心目中，美网在四个大满贯中永远是排在第一位的，“也许我永远拿不了法网冠军，就像皮特（桑普拉斯）一样，但是我宁愿用他的美网纪录结束我的职业生涯，八次决赛，五个冠军”。

14. 科里亚(Guillermo Coria)

科里亚：阿根廷人，1982年1月13日出生在阿根廷鲁菲诺；常住地：托尔多（阿根廷）。身高：5英寸9英寸(1.75米)；体重：145磅(65公斤)。他右手握拍；转入职业时间为2000年。单打最高排名：3；冠军争夺战最高排名：2；现世界排名：7；双打最高排名：183；单打冠军头衔个数：9；2004年战绩：39胜14负；2005年战绩：55胜27负；职业战绩：208胜94负。

科里亚于1982年1月13日出生在阿根廷小城维纳多-托尔多(Venado Tuerto)，他或许是个瘦弱的乡下孩子，他的家乡的道路边的灯光极其昏暗，但是当22岁的他站在世界之巅的时候，1.75米的瘦弱身躯所散发出的熠熠光芒却能够照耀整个阿根廷。没有人料到在2005年的红土场赛季发挥得这样完美的他会最终输给高迪奥，事实也是如此，与其说他是败给了此前默默无闻的同胞，倒不如说突如其来的驱赶不走的伤病阻挡了他通向辉煌之路。一个22岁的男人在2005年似乎是注定要泪洒罗兰·卡罗斯的,他的名字叫做奎勒莫-科里亚。

"魔术师(the Magician)"是科里亚从对手那里赢得的尊称,爱拼敢拼的意志、密不透风的底线防守、不惜体力的奔跑,任何选手在与这个小个子的阿根廷人交手时都非常忌惮他的这些优点,这些选手中包括他儿时的偶像阿加西。在2004年法网男单1/4决赛四盘苦战输给科里亚后,阿加西无奈却又夹带赞赏地表示:"他(科里亚)毫无疑问是最好的红土场选手之一。他会在比赛中强迫你不得不去采用冒险策略打球,他的移动实在是太出色了,控制场面的能力也非常强,我想说的是,他会很快成为最令人头疼的顶尖选手之一的。"

二、女子选手

1. 劳埃德

克里斯·埃弗特·劳埃德于1954年12月出生在美国佛罗里达州一个网球之家,她6岁时就开始在父亲的指点下打网球。1970年,初出茅庐的劳埃德出人意料地战胜了当时世界头号种子澳大利亚的玛·史密斯,震动了国际网坛。4年后,劳埃德一举夺得温布尔登网球锦标赛和法国网球公开赛两项冠军,并在一年的比赛中创造了连赢50场的纪录,首次登上世界"网球王后"的宝座。此后她几乎年年都是"网球王后",一直到1982年,才把王后桂冠让位给纳芙拉蒂诺娃。

劳埃德不仅平时训练刻苦,而且心理素质也很好,临场表现冷静、沉着。"深、快、准"的底线抽杀和双手反手击球是她的绝招。劳埃德的球风亦很高尚,从不埋怨裁判,也不使对手难堪。她驰骋网坛十几年,曾4次蝉联美国公开赛冠军,3次在温布尔登大赛上夺冠,6次夺得法国公开赛的桂冠,创造了夺取该项比赛胜利最多的纪录,也是她在职业网球生涯中最杰出的战绩。1980 年,她成为世界上第一个赢得 100 场单打胜利的网球运动员。同年被美国记者协会评为 1970 年至 1980 年世界 10 名最佳运动员之一。

2. 纳芙拉蒂诺娃

玛蒂纳·纳芙拉蒂诺娃于 1956 年出生在捷克(斯洛伐克)首都布拉格郊区。1973 年,已在国际网坛初露锋芒的纳芙拉蒂诺娃应邀赴美参赛,翌年转为职业球员,随后又加入了美国籍,开始了她环绕全球的网坛生涯。

在长达 19 年的职业网球生涯中,纳芙拉蒂诺娃共夺得 167 个单打冠军,其中包括法国公开赛冠军 2 个,澳大利亚公开赛冠军 3 个,美国公开赛冠军 4 个,温布尔登锦标赛冠军 9 个。此外,她还 4 次获得美国公开赛女子双打冠军,同施弗赖创造过连续两年赢得女双"大满贯"的纪录。纳芙拉蒂诺娃自 1982 年从劳埃德手中夺得"网球王后"的桂冠后,曾连续 5 年名列世界女子单打第一位,其排名世界第一的时间为 156 周,被称为当今世界网坛最优秀的"女王"。

良好的天赋和多年的征战,使她创造出一套男子式的全攻型技术。她有惊人的速度和力量,动作敏捷,节奏感强。所以,她有许多热心球迷们赠送的美称,如"女金刚"、"铁娘子"等。1994 年 11 月,在女子网球大奖赛总决赛中,纳芙拉蒂诺娃打完她职业生涯的第 1 650 场单打比赛后,举行了告别仪式,有无数的球迷呼唤着她的名字。

纳芙拉蒂诺娃曾经说过:"我会把我十多年的经历和盘托出的,因为这不是什么私有物,这只能对网球有利。"纳芙拉蒂诺娃正在实现着自己的诺言,她将把整个身心都交给世界网球事业。

3. 格拉芙

1985 年,斯特菲·格拉芙 16 岁的时候,就曾在一次记者招待会上说:"我要成为世界第一流的女球星!"她的这一梦想终于在两年后实现了。1987 年 8 月 17 日,她在世界女子排名榜上名列第一,从而结束了纳芙拉蒂诺娃连续五年在世界女子网坛统治的地位。

格拉芙获得的第一个四大公开赛的冠军是在 1987 年的法国公开赛上。之后,格拉芙又夺得了澳大利亚公开赛冠军。1987 年,格拉芙还和队友一起为联邦德国夺得第一个联合会杯赛的桂冠。1988 年更是格拉芙的辉煌之年,她以势如破竹的气魄奋力拼杀,书写了女子网球史上绝无仅有的"全满贯"纪录。所谓全满贯,就是除了同年获得四大公开赛冠军以外,还获得奥运会金牌。1990 年,她成功地保住了年终世界排名第一的位置。1991 年,她再次夺得温布尔登锦标赛女单冠军。1992 年,她继续在温布尔登锦标赛上卫冕成功。1993 年 6 月的法国公开赛后,她又取代了塞莱斯的位置,第二次获得世界排名第一。同年,她还获得了法国公开赛、美国公开赛和温布尔登锦标赛的三项冠军。在 1995 年的法国公开赛和温布尔登锦标赛中,格拉芙又技压群芳,在两次决赛中都战胜了老对手桑切斯,连夺两项大赛的桂冠。

格拉芙非常关注社会事业。她在莱比锡曾将获冠军的奖金支票献给了青少年发展项目。她参加了广岛和平纪念碑的修建,并去那里参加了揭幕典礼。她还与各种野生动物协会建立了合作关系。总之,她在国际网坛给人们留下了一个较好的世界女子冠军的形象。

4. 塞莱斯

莫尼卡·塞莱斯于 1973 年 12 月出生在南斯拉夫一个名叫洛雅萨德市的小城,1994 年 3 月 16 日正式宣布成为美国公民。她现居住在美国佛罗里达州。塞莱斯首次在 1990 年的法国网球公开赛上夺得四大公开赛的冠军,那时她还不到 17 岁。1991 年 1 月,塞莱斯又成为澳大利亚公开赛上最年轻的女单冠军,同时也是该公开赛史上的第一个南斯拉夫冠军。1991 年,塞莱斯蝉联法国公开赛冠军,并获得美国公开赛冠军。1992 年塞莱斯又卫冕成功,她摘走了除温布尔登锦标赛以外的三项大赛桂冠。1991 年、1992 年又连续两年获得四大公开赛中的三项冠军,排名一直雄踞第一。

1993 年 4 月,她在德国汉堡举行的西铁城杯网球赛上,被一名叫巴罗肖的德国男子用刀刺伤。事件发生以后的两年中,塞莱斯销声匿迹,直到 1996 年才重新出现在网球场上。

塞莱斯打球的特点是喜欢在发球和击球时紧握双手,高声大叫,自我冲击,自我激励。人们曾将她的这一特点称为“塞莱斯现象”。虽然对此现象人们争议颇多,但她在网坛上的出色成绩却是世界公认的。

5. 桑切斯

1995 年,在世界网球联合会(WTA)的排名表上,西班牙选手阿伦特泽·桑切斯已跃居世界排名第一。她是在东京公开赛上战胜法国选手皮尔斯后,超过格拉芙而成为新的世界女子网坛头号种子选手的。这也是自 1975 年开始的 WTA 每月公布一次运动员的电脑排名以来,继埃佛特、纳芙拉蒂诺娃等人之后第六位获此殊荣的选手。

桑切斯出身于一个网球之家,她的成功得益于两个哥哥和妹妹的支持。

桑切斯从 14 岁起开始成为职业网球选手,她获得的第一个四大公开赛的冠军是在 1989 年的法国网球公开赛上。1994 年,桑切斯又获得美国网球公开赛冠军,这是西班牙历史上的第三位获美国公开赛冠军的选手,也是桑切斯职业网球生涯中的第三个满贯赛冠军。

6. 伊达公子

伊达公子是日本优秀的网球女运动员,与国际网坛上那些赫赫有名的一流明星相比,伊达公子的成绩也许是微不足道的,然而,作为黄皮肤的亚洲人,能取得如此成绩,确实是佼佼者了。截至1994年9月12日,伊达公子排名为世界第七。

1994年1月,在澳大利亚网球公开赛的女单四分之一决赛中,伊达公子淘汰了3号种子选手、西班牙的马丁内斯,进入半决赛。

伊达公子是日本历史上第二个打入大满贯赛事的女子选手(22年前日本姑娘尺松和子曾在该项赛事中进入4强)。1995年,伊达公子又不断取得好成绩。首先是2月的东京大奖赛上,她捧得冠军杯。接着在法国公开赛上,她又连胜五场,杀入半决赛;温布尔登大赛,她挤进了前8名。这一系列的佳绩表明伊达公子迈向了她个人事业的巅峰。

伊达公子的打法与那些以上旋球打法主宰当今女子网坛的底线高手相比,有着显著的不同,伊达公子更多以平击球的打法,特别是左右开弓的打法取胜。在比赛场上,球拍在伊达公子的两只手中可以倒换自如,从而形成了她的独特风格。

7. 海宁(Justine Henin-Hardenne)

海宁的国籍为比利时,1982年6月1日出生在比利时的列治,常住地为马洛伊(比利时)。她身高:1.67米;体重:57公斤。她右手握拍;转入职业时间为1999年。目前世界排名:3;单打最高排名:1;双打最高排名:23;单打冠军头衔个数:24;双打冠军头衔个数:2;职业总战绩:368胜92负。

海宁的防守和进攻一样流畅,她在红土场赛事中显示了极高的能力。海宁在世界网坛女选手中,身高并不占优势,这一点,海宁和瑞士名将辛吉斯很相像。但是,海宁做到了辛吉斯始终无法做到的事情,那就是在与威廉姆斯姐妹、达文波特和卡普里亚蒂等依靠力量打球的网坛实力派人物的作战中,能够不断提升自己的水平,与她们相抗衡。当威廉姆斯姐妹等选手依靠自己的力量打拼天下之后,辛吉斯在网坛的统治地位动摇了。而海宁,这位比自己的同胞克里斯特尔斯心理素质更加优秀的选手,却从内而外地与这些实力派选手形成了抗衡。她刻苦地进行身体训练,如今在网坛显得更加富有竞争力。

对此,一代网球女王德国名将格拉芙说:"海宁是如此忠诚于自己的事业,她在身体训练的时候非常刻苦,她试图从各个方面使自己完美起来。海宁的身体条件不是特别好,她没有其他选手高大,但是她可以依靠速度弥补身高的不足,她用比别人更多的训练时间来完善自己。海宁是用自己的心灵打球,她打球时不仅头脑灵活,而且我每一次和她交谈,都能感受到她对网球的热爱,是这份精神在指引着她。"

8. 莎拉波娃(Maria Sharapova)

莎拉波娃国籍为俄罗斯,1987 年 4 月 19 日出生。身高: 1.83 米;体重: 51 公斤。她右手握拍;转入职业时间为 2001 年。目前世界排名: 4;单打最高排名: 1;双打最高排名: 41;单打冠军头衔个数: 10;双打冠军头衔个数: 3;2005 年战绩: 53 胜 12 负;职业生涯总战绩: 184 胜 49 负。

莎拉波娃的"发家史"堪称奇迹。当 16 岁的莎娃刚刚踏入职业网坛,她当年的年终排名仅仅只有 186 位。但从出道到登顶,俄罗斯人只用了短短三年时间。她在俄罗斯出生,在美国长大,她有着模特的身材、电影明星的面庞、天才巨星的球技。有行家预见,她将成为女子网坛的统治者,将领导国际网坛的潮流。

而莎拉波娃也正在以自己出众的天赋与精彩的表现向人们证明这一点。

9. 毛瑞斯莫(Amelie Mauresmo)

毛瑞斯莫国籍为法国,1979 年 7 月 5 日出生。身高: 1.75 米;体重: 64 公斤。她右手握拍;转入职业时间为 1997 年。目前世界排名: 1;单打最高排名: 1;双打最高排名: 40;单打冠军头衔个数: 22;双打冠军头衔个数: 1;2005 年战绩: 56 胜 17 负;职业生涯总战绩：426 胜 168 负。

对于毛瑞斯莫来说，终于圆梦夺得大满贯赛冠军，无疑是了却了其心中萦绕了整整 7 年的一桩心事。从她只有 19 岁就首次闯入澳网女单决赛至今，这个个性取向异于常人的法国姑娘就一直活在不断由别人给予的心理压力中。毛瑞斯莫最大的特点是从外貌、形体到打法的全盘男子化，单手反手的大力杀球使人想起桑普拉斯！不过稳定性稍差。属个人隐私的同性恋问题也使她愈发出名。从瑞士公主辛吉斯的那句“她简直就是半个男人”，再到场外媒体过多关心她与女性恋人分分合合的八卦新闻，毛瑞斯莫的肩膀上承载了太多的压力。

令人高兴的是，已经 26 岁的毛瑞斯莫终于实现了人生中的第一个梦想。在赛后的颁奖仪式上，毛瑞斯莫含着泪说：“等了这么长时间之后终于获得冠军，我都不知道说什么才好。我要非常感谢那些数年来一直支持我、相信我的朋友和教练，我想我们现在找到了前进的方向，然后继续前进。”

10. 达文波特(Lindsay Davenport)

达文波特国籍为美国。1976 年 6 月 8 日出生。身高：1.89 米；体重：79 公斤。她右手握拍；转入职业时间为 1993 年。目前世界排名：3；单打最高排名：1；双打最高排名：1；单打冠军头衔个数：51；双打冠军头衔个数：35；2005 年战绩：60 胜 10 负；职业战绩：695 胜 180 负。

和其他的女运动员比起来，达文波特有太多不一样的东西了。她总是显得那么的默默无闻和兢兢业业。也许，你会觉得为什么达文波特的移动老是这么缓慢，也许你会认为她的三个大满贯简直不值一提，但真正了解达文波特的人，都知道她已经尽力了。

在 2004 年温网半决赛输给俄罗斯美少女莎拉波娃之后，28 岁的达文波特曾经多次暗示，自己有意在 2004 年年底考虑退出职业网坛。但自斯坦福德的西部银行精英赛开始，达文波特以绝佳的竞技状态连续击败威廉姆斯姐妹、米斯金娜、兹沃娜列娃等人，在美网系列赛中取得惊人的四连胜。尽管在随后进行的美网半决赛中不敌最终夺冠的库兹涅佐娃，但是达文波特已经完全重新找回了昔日的竞技状态和处于鼎盛时期的自信。随后在强手如林的保时捷大奖赛中，达文波特力夺个人本赛季第7座冠军奖杯，阔别三年之后重返女子网坛"NO.1"，其出色的成绩和成熟的心理状态博得了网坛内外的一致掌声。

她在2005年澳网决赛中负于小威获得亚军；法网1/4决赛被最终的亚军皮尔斯击败；在温网赛上与大威廉姆斯上演了女子网球有史以来最漫长的39局决战，最后错失赛点获得亚军；美网1/4决赛再次止步八强。但是，她在阿联酋迪拜公开赛、博士伦锦标赛、纽黑文锦标赛、巴黎国际赛、保时捷大奖赛上再次开走保时捷车，并第四次在瑞士苏黎士夺冠，这些战绩让达文波特职业生涯得冠数增加到51个，她是现役女子球员中获胜最多的球员。

11. 小威廉姆斯(Serena Williams)

小威廉姆斯国籍为美国，1981年9月26日出生。身高：1.78米；体重：66公斤。她右手握拍；转入职业时间为1998年。目前世界排名：11；单打最高排名：1；双打最高排名：5；单打冠军头衔个数：26；双打冠军头衔个数：10；2005年战绩：21胜7负；职业生涯战绩：308胜63负。

1997年，小威廉姆斯创下击败排名前10的最低排名球员纪录。在芝加哥站巡回赛中，以304位的排名靠外卡参赛，却一举战胜了7号种子选手皮尔斯和4号种子选手塞莱斯。

1998年，小威廉姆斯创下女子职业网坛上攀升最快的纪录。虽然当时她仅有16岁，却已经能够在迈阿密站赛事中连续战胜5位排名前10的选手。她与米尔尼搭档，夺取了温网和美网两项大满贯的混双冠军；并与姐姐维纳斯配对，在俄克拉荷马站中首次尝到女双冠军的滋味。

1999年,小威廉姆斯在美网赛上击败辛吉斯拿到个人首项大满贯单打冠军。这一年她共赢得5项单打锦标赛冠军,并帮助美国队赢得联合会杯,4月份时,世界排名达到第9位。

2000年,小威廉姆斯获得洛杉矶、汉诺威和东京三站赛事的女单冠军。她在温网女单半决赛中输给姐姐维纳斯,但是5场比赛仅失13局,仅次于埃弗特在1976年创下的10局纪录。她在美网赛事上卫冕失利,1/4决赛负于达文波特。此外她与姐姐合作分别在温网和奥运会的双打比赛中折桂。

2001年,小威廉姆斯先后战胜了海宁、达文波特和辛吉斯,再度进入美网决赛,可惜败在家姐拍下,无缘冠军,这是自1884年以后首次由一对亲生姐妹来争夺大满贯。自姐妹配年初摘得澳网女双冠军后,小威在法网和温网1/4决赛中两度不敌卡普里亚蒂。在年终总决赛中,由于达文波特因伤退出了决赛,小威首次赢得这一赛事冠军。

2002年,小威廉姆斯连夺三项大满贯女单冠军,成为世界的"No.1"。小威在法网、温网和美网决赛中三次击败了自己的姐姐,首次坐上世界第一的宝座。除此之外,她还赢得了东京和莱比锡站的冠军,但是在年终总决赛中输给了比利时的克里斯特尔斯。

2003年,小威廉姆斯连续击败克里斯特尔斯和大威廉姆斯,在首次夺取澳网女单冠军后,成为第五位赢得全部四项大满贯的女子网球运动员。法网半决赛输给海宁后,她有感于观众的敌意而伤心落泪。成功卫冕温网冠军之后,她于8月1日接受了左膝手术,缺席了剩下的全部比赛。因此,克里斯特尔斯终结了小威廉姆斯连续57周的世界第一排名。这一年,她的另一个姐姐在洛杉矶被枪杀。

2004年3月,小威廉姆斯在迈阿密复出并一举夺魁,但无一大满贯进账。在法网和美网1/4决赛均负于卡普里亚蒂,虽然连续第三年闯进温网决赛,但不敌美少女莎拉波娃,并且在年终总决赛中再度输给新生"小天后",年度排名最终位列第7,创下1998年来职业生涯最低点。

2005年,小威廉姆斯在澳网赛事上力战莎拉波娃和达文波特,在上演了反败为胜的经典后,捧起个人第7座大满贯奖杯。

第四部分 中国网球优秀选手介绍

一、早期网坛优秀运动员

1. 许海林

许海林,8岁随父亲打网球。1960年,17岁的许海林夺得全国少年单打冠军,此后曾多次获得全国成年组冠军,并代表国家参加过许多重大国际比赛,先后赢得20多枚金牌。1979年,许海林为上海队夺得男子单打和团体两枚金牌。许海林基本功扎实,体力充沛。他擅长劈杀,上网凶猛,技术比较全面。

2. 尤伟

尤伟,于1962年出生。他17岁时进入上海市网球队,次年就在国内一系列比赛中得了6枚金牌,成为国内网坛引人瞩目的球星。尤伟曾多次代表国家参加国际比赛。

在第五届全运会上,尤伟同队友李书晨合作获得男子双打冠军。四年后,他又荣登第6届全运会男子单打冠军领奖台。尤伟平时勤奋好学,善于思考,看到好的技术动作,总要千方百计学到手。原先,他的反手技术主要是打下旋球,这种球稳而不凶。后来改用威胁力大的反手上旋打法,并成为他防守中突然反击的主要手段之一。

3. 刘树华

刘树华是天津的选手。他接受能力强,身体条件优越,所以进步非常快。1979 年,他还仅列全国第 12 名,从 1981 年获全国第三名后,年年名列前茅。特别是 1983 年,21 岁的刘树华为中国队获第 2 届加法尔杯网球赛冠军立了头功。他还是第 5 届全运会男子单打冠军和第 6 届全运会男子单打亚军。

4. 马克勤

马克勤,1962 年生于武汉。他 12 岁时进入业余体校参加网球训练,15 岁入湖北省网球队集训。他身体素质好,技术独特,发球力量大,正手侧攻、反手直线和上网进攻在全国均属一流。马克勤曾多次被选为国家队队员,参加过加法尔杯、戴维斯杯等重要国际网球赛。他在国内最突出的成绩是以六战全胜的纪录获得 1985 年全国网球赛男子单打冠军。

5. 潘兵

潘兵,湖北人,1970 年出生,是业余体校培养出来的优秀网球运动员。他先后两次获得亚运会网球金牌。

1983 年,潘兵第一次参加全国性比赛并获奖,那时他只有 13 岁,取得了全国业余体校乙组第二名的成绩。1985 年 7 月,潘兵参加了在秦皇岛举行的全国青少年比赛,一举夺得青年男单冠军。1987 年,他去日本半工半训,一年中,获得 3 次青少年冠军。他在日本 18 岁以下同年龄运动员中,名次排列第二。1988 年 8 月,他入选国家队,球技突飞猛进,终于在北京亚运会的网球比赛中,夺得男单、男团两枚金牌和男双银牌。

1994 年,潘兵参加了戴维斯杯赛。同年 7 月份他又在国际网球巡回赛中,一举拿下四站比赛中的三站冠军。他在当年的广岛亚运会的男单决赛中卫冕成功。

6. 夏加平

夏加平,1969 年出生于上海,10 岁左右开始学习网球。1982 年,他进入上海业余体校接受较正规的训练。

1983 年,夏加平首次在全国少年网球赛中获得亚军,后又在香港“亚洲分龄赛”中获得14岁组的冠军。1984年4月,他进入上海队。1986年夏加平挤进了全国甲级单打前9名。1987年,他夺得男双全国冠军,同时挤入全国甲级单打前5名。1988年,他作为试训队员进入国家二队。1990年,他代表中国参加了戴维斯杯亚太区A组的比赛,同年还代表中国参加了北京亚运会,并获得团体和男双两枚金牌。1991年他参加世界大学生运动会,并摘取了男子单打的桂冠。

7. 张九华

张九华出身于网球世家,6岁开始练习网球,12岁时参加全国业余体校的网球比赛,名列第10位。翌年一跃而夺冠。1983年,14岁的张九华毅然参加18岁组的青少年比赛,名列第11,在第二年的全国青少年比赛中脱颖而出,成为男单和男双的双料冠军。1985年,在一对美籍华人夫妇的赞助下,他和其他3名不满16岁的选手一起赴美参加巡回比赛。1987年,他在又一位美籍华人的赞助下只身赴美学习。10个月后回国被选进国家队。从此,他多次代表国家参加了多项国际比赛。

8. 余丽桥

余丽桥,1957年出生于湖北,1972年起从事网球运动。她的主要技术特点是在网前动作敏捷,拦击面大,击球有力,落点好,在力量和速度上常占优势。余丽桥是夺得第3届全运会网球女子团体冠军的湖北队主力队员,第5届全运会上她又夺得女单冠军。从1976年至1982年,她多次蝉联全国单打冠军。

9. 李心意

1986年,中国终于结束了在亚运会上网球无金牌的历史,这首先应归功于广东选手李心意。她除同队友合作夺得女子团体金牌外,还获得了女子单打冠军。时隔一年,这位广东姑娘又一举夺得第6届全运会网球比赛女子单打和双打两枚金牌,从而成为真正的中国女子网球头号选手。

李心意从13岁开始学打网球,1978年进广东省队受训,进步很快。1980年,17岁的李心意第一次参加国际比赛就获得香港国际青少年分龄邀请赛女子单打和双打冠军。此后,她在国内渐渐有了名气,后来虽然有过挫折,但她从不灰心,对球技的钻研始终如一,深得行家好评。

10. 李芳

李芳本是湖南湘潭钢铁厂的一名职工,她凭着对网球的挚爱,从1981年开始,在非专业教练谢逢森老师的带领下,一步一个脚印地步出钢厂,进入网坛专业行列,并攀上了中国网坛竞技的巅峰。

1986年,她获得全国少年女单冠军。她接着于1987年获全国甲级联赛混合双打冠军。1989年,在亚洲网球锦标赛上,李芳又单枪匹马闯入决赛,并打败亚洲网坛"女王"王思婷获得冠军。1994年,她参加了德国联合会杯团体赛,战胜了当时世界排名第6的日本名将伊达公子。同年,诺基亚女子网球公开赛在北京奥林匹克体育中心举行,李芳又和陈莉一起,经过奋力拼搏,登上了女子双打冠军的宝座。1995年,在澳洲哈巴特网球公开赛上,李芳又战胜了世界排名20的奥地利名将,中国运动员首次获得10万美元奖金的澳网公开赛女单亚军。

李芳从小训练刻苦,有毅力,不服输,自信心强,训练自觉,心理素质好。李芳学习认真,由于在比赛中能较好地发挥正手攻击性较强的特长,贯穿"以我为主"的战术思想和"快、狠、准、变"的技术风格,所以实现了历史的飞跃和重大的突破,成为中国第一个进入世界排名前50名的优秀选手。

11. 易景茜

易景茜8岁进入南京市五台山业余体校,训练刻苦,拼劲足,悟性好。1986年脱颖而出,年仅12岁就升入江苏队,成为省级队中年龄最小的队员。1989年,易景茜获第二届青运会女子单打亚军。1992 年,她在泰国、印尼和北京的卫星赛上分别获得冠军。以后经过一段时间的系统的强化训练,她的实力明显提高。1995 年是她的“丰收年”: 7 月,前往美国参加挑战赛,在四站比赛中共获一个冠军、一个亚军和一个前四名;8 月,在天津又获一个挑战赛冠军;10 月,在印尼公开赛上,她连克宫城那那等强手,获得亚军;11 月,在泰国公开赛上再夺亚军。通过一系列大赛的磨练,易景茜的技术、战术素养日趋成熟,1995 年,她的国际排名达到第 78 位,是当年我国排名最高的女网选手。

二、当今网坛优秀运动员

1. 彭帅

彭帅于 1986 年出生于湖南湘潭。目前世界排名第 32 位;转入职业时间: 2003 年。最高单打世界排名: 41;最高双打世界排名: 60;职业战绩: 121 胜 48 负;2005 年战绩: 11 胜 7 负。近年来,彭帅连续获得 2000 年全国网球锦标赛女子团体冠军,2001 年九运会女子网球团体亚军,2002 年新德里国际女子网球巡回赛女单亚军,2002 年孟买国际女子网球巡回赛女单冠军,2002 年美网青少年组女单 16 强,并在 2004 年美网女双晋级 8 强(搭档为中国台北的李慧芝)。彭帅 8 岁起跟随其舅舅、我国原著名男子网球运动员张帆开始学习网球,被认为是中国网球不可多得的希望之星。中国网球协会在 2002 年 6 月通过经纪人将其送往由美国前著名女子网球运动员埃弗特创办的网球学校进行为期一年的深造,使她成为由中国网球协会与外国经纪人公司合作全新包装进军国际职业网坛的中国女网第一人。由于曾在国外接受最先进的训练思想理念,彭帅被认为是在技术风格上与欧美选手最接近的中国选手,发球与正手的攻击力量大,体形也较其他中国选手强壮。

自2004年起,18岁的彭帅频繁参加成年组比赛,曾在温网连过3轮资格赛晋级正赛;在美网女双比赛中,彭帅与中国台北老将李慧芝配合默契,两人首次搭档参加大赛,就一举淘汰诸多强手晋级八强,追平中国选手在大满贯赛中的最佳战绩。

2005年年底,彭帅与目前所在的天津网球队众队员精诚合作,拿下全国锦标赛团体冠军五连霸,后即随全队赴美国进行拉练,为百年澳网做全力冲刺。悉尼国际赛是她结束冬训之后首度参加比赛,她就能表现出好的成绩,着实令人欣喜。

2. 李娜

李娜于1982年出生,转入职业时间为1999年。目前世界排名第43位;单打世界排名: 36;最高单打世界排名: 36;最高双打世界排名: 85;WTA单打冠军头衔: 1;WTA双打冠军头衔: 1;ITF单打冠军头衔: 19;ITF双打冠军头衔: 16;2005年战绩: 22胜8负;职业战绩: 184胜42负。

1999年,李娜在所参加的ITF挑战赛中拿到自己的第2、3、4个冠军,其中前两个她是以非种子选手的身份夺冠的。此外,她还在所参加的双打比赛中连续7次折桂。

2000年,李娜在ITF赛场总共取得52场胜利,成为胜场最多的选手,此外她还赢得了4场WTA赛事的胜利,56胜的总胜场在所有职业选手中并列排在第三位。在WTA巡回赛乌兹别克斯坦塔什干站的赛事上,她是首度参加,结果在女单首轮中落败,但却与搭档李婷夺得该站赛事的女双冠军,这是中国选手首度在WTA巡回赛中夺冠。

2001年,李娜在中国北京举行的世界大学生运动会上一举拿下女单、女双(与李婷)以及混双(与朱本强)三个冠军,堪称运动会上最闪亮的一颗明星。这一年,她还在北京进行的一站ITF比赛中夺得一个冠军。

2002年,作为世界排名仅有第308位的选手,李娜在美国米德兰德的 ITF 比赛中八战全胜夺冠,其中包括击败资格赛中位列头号种子的选手,以及在正选赛中接连击败 5 位世界排名高于自己的选手,并最终赢得了她的第 13 个 ITF 女单冠军。

2004 年,李娜在年初复出,相继在北京、通辽、乌兰浩特的三站 ITF 女单赛事中夺魁。中网女单首轮李娜以 6∶3/6∶2 轻松击败世界排名高于自己近 100 位的澳洲老将普拉特。10 月 3 日,昔日的中国女网一号选手李娜在这一天为中国网球夺得了首个 WTA 巡回赛的单打冠军。

3. 郑洁

郑洁于 1983 年出生。目前世界排名第 56 位;单打世界最高排名: 48;双打世界最高排名: 29;2005 年战绩: 16 胜 7 负;职业生涯战绩: 160 胜 84 负。

郑洁自 1990 年开始练习网球,1998 年进入四川省网球二队,1999 年进入四川省网球一队,2000 年代表北京朝阳网球俱乐部参加团体赛事,2001 年调入国家集训队,是 2002 年联合会杯中国队的主力运动员。

郑洁曾获得 2000 年全国青少年巡回赛 2 站分站赛单打冠军,青少年巡回赛总决赛单、双打冠军,年终青少年排名第一。近年来,她连续获得 2000 年全国女子团体赛亚军,ITF 国际女子巡回赛单、双打亚军;2001 年 ITF 国际女子巡回赛单打前四;2002 年 2 站 ITF 单打冠军,8 站 ITF 双打冠军;2003 年 ITF 国际女子巡回赛(美国)单打冠军,ITF 国际女子巡回赛双打 5 站冠军;2004 年澳大利亚公开赛双打前八,法国公开赛女单的 16 名,温网公开赛女双前八名。郑洁为底线型选手,基本功扎实,拼抢积极,步伐移动较快,心理素质较稳定,是国内比较有发展潜力的运动员。

在 2004 年的法国网球公开赛上,郑洁一路过关斩将,最终进入了女单第四轮,为中国网球史书写了最辉煌的一笔,不仅让世界知道了郑洁,更让大家知道了中国网球的进步。

4. 李婷

李婷于1980年出生于湖北，1987年进入武汉体育馆练习网球，1996年赴美国尼克网球学校训练6个月，1997年进入国家队。

李婷曾代表国家参加过曼谷亚运会、悉尼奥运会及历届联合会杯比赛，并参加过多站包括四大公开赛在内的国际职业赛事。她曾取得2000年塔什干公开赛双打冠军，并在2000年美网女双进入第二轮；2001年获得第21届世界大学生运动会女双金牌。经过近两年在国外的以赛代练，李婷技术、战术水平飞速提高，2003年与孙甜甜搭档先后夺得了WTA维也纳、魁北克和笆堤亚三站女双冠军，还获得ITF国际女子巡回赛双打六站冠军；双打最高世界排名为2004年5月的第24位，目前双打世界排名第29位。2004年，她获得WTA海德拉巴站女双亚军，并进入澳网女双16强。在雅典奥运会上获女双金牌，为中国取得历史性突破。

李婷以底线型打法为主，基本功扎实，头脑清楚，双打意识较强。

5. 孙甜甜

孙甜甜于1981年出生于河南。目前世界排名为122位；单打世界最高排名：94；双打世界最高排名：18；2005年战绩：6胜7负；职业生涯战绩：147胜85负。

孙甜甜1989年开始在河南省业余体校练习网球，1993年进入河南省队，2000年调入国家集训队。经过近两年在国外以赛代练，孙甜甜的技术、战术水平飞速提高，2003年与李婷搭档先后夺得了WTA维也纳、魁北克和笆堤亚三站女双冠军。双打最高世界排名为2004年5月的第22位，单打最高为94位，目前双打世界排名第26位。她于2004年获得WTA海德拉巴站女双亚军，并进入澳网女双16强。她在雅典奥运会上获女双金牌，为中国取得历史性突破。

孙甜甜为底线型选手，基本功好，技术、战术较为全面，身体综合素质好,训练刻苦,自言喜欢硬地球场,平时喜欢踢足球。

6. 晏紫

晏紫于1984年11月出生于四川。职业战绩: 137胜87负;最好成绩: 2006年澳大利亚网球公开赛双打冠军。

晏紫于1990年开始练习网球,1998年进入四川省网球队,1999年1月赴美国尼克网球学校训练6个月,2000年代表国家青年队参加世青杯比赛。2001年调入国家集训队。

晏紫曾获得1998年全国青少年巡回赛年终排名单打第二。近年来,她在赛事上的成绩: 2000年全国青少年巡回赛分站赛单打冠军,全国女子团体锦标赛第二名,年终排名第五;2001年国际女子挑战赛单打第八名;2002年7站ITF双打冠军;2003年ITF国际女子巡回赛双打五站冠军;2004年澳大利亚网球公开赛双打前八;2004年温网公开赛双打前16强;2006年澳网女双冠军。现单打国际排名294位,双打国际排名123位(2002年8月26日)。

晏紫为底线型选手,但技术较为全面,心理素质好,场上移动较快,同时有机会时敢于上网,是国内极具潜力的年轻运动员。

第五部分　网球分级标准

一、说　明

(1) 参照美国NTRP(National Tennis Rating Program)标准,用易于理解的语言表述出来。

(2) 从我国目前网球运动的总体状况来看,业余选手的水平顶多能达到4.5级;国家(省)队现役队员一般为5.0、5.5级,只有个别选手能到6.0级。

(3) 业余选手一般技术都不够全面,在对照某一级别的描述时，可能出现有的达不到，有的又超出。我们的建议是：用达不到的项数（负值）与超出的项数相加，如果得数不小于“ -1”，则可定为该级别；如果得数小于“ -1”，最好先降低 0.5 级，待有针对性地进行改进后，再重新评级。

二、级别技术特征

1.0 级

特征：初学者（包括第一次打网球的人）。

1.5 级

特征：选手打网球时间不长，还只顾得上把球来回打起来。

2.0 级

正手：球员挥拍动作不完整，不容易控制击球方向。

反手：球员不愿意用反手接球，偶尔接一下也感觉没有把握。

发球/接发球：球员的发球动作不完整，抛球不稳定，经常双误；接发球容易失误。

网前：球员还没有主动上网的意识，不会用反手截击，网前步法跟不上。

特征：虽然正、反手都有明显弱点，但已初步了解单、双打中的基本站位。

2.5 级

正手：球员的动作有所改进，开始能够慢节奏对攻。

反手：球员的握拍还有问题，击球准备不够早，喜欢用正手去接本该反手接的球。

发球/接发球：球员的挥拍动作趋于完整，可以发出速度慢的好球，抛球仍不稳定；能接好速度不快的发球。

网前：球员在网前感到不舒服，尤其是反手截击，经常用正手拍面打反手位截击。

特征：与水平相当的人能打出几个回合的慢速对攻，但还难以覆盖整个场地。能主动挑高球，但还不能控制球的高度和深度；能打到过顶球，但对能否打好没有把握。双打中还不会调整站位。

3.0级

正手：球员有较好的稳定性，也基本能控制方向，但还缺乏击球深度。

反手：球员能提早准备，可以打出比较稳定的中速球。

发球/接发球：球员的发球的节奏感开始出来了，但大力发球时稳定性差，二发明显慢于一发；接发球比较稳定。

网前：正手截击已经比较稳定；反手差一些，对低球和远身球还很头疼。

特征：已经能打出比较稳定的中速球，但并不是每一拍都很舒服。在控制击球的深度和力量时还显得力不从心。能挑出比较稳定的高球。双打中与同伴的站位组合基本上是一前一后，上网还不积极，网前攻击力也不强。

3.5级

正手：球员能打出稳定而有变化的中速球，能很好地控制击球方向，上旋球水平提高。

反手：回中速球时能控制方向，但还处理不好高球、快球。

发球/接发球：球员在开始时能控制落点并加力，也能发出上旋球；能稳定地接中速发球并控制回球方向。

网前：上网更积极，步法正确，能截击部分远身球。正手截击稳定，反手还不理想。接对方的截击球还有困难。

特征：对中速球的方向控制已经不错，但击球的深度和变化还不够。能在跑动中稳定地回击过顶球，开始能随球上网、放小球和打反弹球。二发基本能控制落点。双打中网前更积极，对场地的覆盖和与同伴的配合能力也在提高。

4.0级

正手：球员击球已经有相当的把握，回击中速球有深度，能对付难接的球。

反手：能稳定地回击中速球，能加上旋，也有深度。

发球/接发球：一发和二发都能控制落点，一发力量大，能带旋转发球；接发球稳定，极少出现主动失误；单打接发球有深度，双打接发球能根据需要而变化。

网前：正手截击能够控制并有深度，反手截击有方向但缺乏深度，学会截击远身球和低网球。

特征：已能打出有把握的中速正、反手边线球，也能控制击球的深度和方向。能够抓住机会或是对手的弱点打出得分球。已经会使用挑高球、放小球和截击技术，而且其中有些球能够得分。发球偶尔也能直接得分。在多拍拉锯对攻中，可能会因为不够耐心而丢分。双打中能抢网、随球上网，也明显能够与同伴配合。水平达到这一级别的球员，在目前（中国）国内的业余网球赛中一般都能拿到名次。

4.5级

正手：球员击球非常有把握，能充分使用速度和旋转，有良好的深度控制能力，回击中速球有攻击力。

反手：能控制方向和深度，但在受迫时会失误，回击中速球能加力。

发球/接发球：球员发球有攻击力，能同时运用力量和旋转；二发能发到自己所期望的位置，极少出现双误。能接好对手的大力发球；能抓住对方二发软的机会，打出有深度和落点的回球。

网前：能连续截击对方的回球，步法到位，反手截击能控制方向和深度，网前的力量使用能轻重结合。常犯的错误还是拉拍动作过大。

特征：能有意识地在打出有攻击力的落点球（如对方反手位）

后随球上网，并靠连续的截击或高压球得分。击球速度加快，能避开自身弱点，但在处理难接的球时往往过于发力。比赛中能打出富于变化的球，开始针对不同对手来调整每盘的节奏；双打中网前能提早判断，回球更具进攻力，开始能控制比赛节奏。

5.0 级

正手：球员在大力击球时能控制方向、深度和旋转，落点准确，能利用正手取得进攻优势；也能根据需要打出轻球。

反手：能打出稳定的进攻球，多数情况下能控制好方向和深度，并有不同的旋转。

发球/接发球：能发到对方的弱点位置上，为进攻取得优势；能有把握地变化发球；二发能利用深度、旋转和落点使对手回球软，为自己下一拍做准备；接发球能控制好深度和旋转，并能根据情况选择大力进攻或减速。

网前：截击有深度、速度和方向，难截的球也能打出深度；能抓住机会靠截击得分。

特征：球员对来球能做出很好的提前判断，在比赛的关键球上经常有出色的表现并能拿下关键分。能够稳定地打出得分球，能救起小球和化解对方的截击球，也能成功地挑高球、放小球、打反弹球和高压球。能根据对手情况变化战术，双打中与同伴配合默契。随着经验的增加，不像 4.5 级球员那样容易败给自己；与 5.5 级的选手相比，输球更多是由于心理或体力原因。

5.5 级

特征：力量和稳定性（或二者之一）已经成为该级别选手的主要武器。能根据对手的抛球、站位、拉拍等动作进行判断，为自己下一拍进攻提前准备。在激烈的比赛中能变化战术和风格，在紧急关头能打出有把握的球。

6.0 级

特征：这一级别的选手一般在高中、大学期间就为参加国内

(指美国)比赛而接受过强化训练,并在选拔赛或全国(指美国)比赛中拿过名次。

7.0 级

特征:已是国际级别的选手,他们参加国际大赛并以比赛奖金为收入来源。

参 考 文 献

1. 张志纯．网球大全．北京：世界图书出版社，1990

2. 潘晟．怎样打网球．苏州：苏州大学出版社，1996

3. 宋兰良．体育保健学．北京：高等教育出版社，1994

4. 王耀明．休闲网球技法．长沙：湖南文艺出版社，1998

5. 邢锡范．网球．沈阳：辽宁教育出版社，2000

6. 汪俊．网球全程点拨．北京：人民体育出版社，2001

7.《网球天地》2004、2005 年 1～12 期

8.《网球》2004、2005 年 1～12 期